高等职业院校"互联网+"新形态一体化教材

扫码查看电子资源

大学生
创新创业基础

主 编 / 高 红 李泽华

副主编 / 马 骏 石国涛

DAXUESHENG

CHUANGXIN CHUANGYE JICHU

北京师范大学出版集团
BEIJING NORMAL UNIVERSITY PUBLISHING GROUP
北京师范大学出版社

图书在版编目(CIP)数据

大学生创新创业基础/高红，李泽华主编. —北京：北京师范大学出版社，2021.4
ISBN 978-7-303-26284-7

Ⅰ.①大… Ⅱ.①高… ②李… Ⅲ.①大学生－创业－高等职业教育－教材 Ⅳ.①G647.38

中国版本图书馆 CIP 数据核字(2020)第 160593 号

营 销 中 心 电 话	010-58802181　58805532
北师大出版社科技与经管分社	www.jswsbook.com
电 子 信 箱	jswsbook@163.com

出版发行：北京师范大学出版社　www.bnupg.com
　　　　　北京市西城区新街口外大街 12-3 号
　　　　　邮政编码：100088
印　　刷：北京京师印务有限公司
经　　销：全国新华书店
开　　本：787 mm×1092 mm　1/16
印　　张：11.5
字　　数：283 千字
版　　次：2021 年 4 月第 1 版
印　　次：2021 年 4 月第 1 次印刷
定　　价：45.00 元

策划编辑：雷晓玲	责任编辑：雷晓玲
美术编辑：李向昕	装帧设计：李向昕
责任校对：陈　民	责任印制：赵非非

前　言

　　21 世纪是知识经济的时代，一个人要想在竞争激烈的社会中脱颖而出，除了要有丰富的文化知识，还要具备创新意识和创业能力。为响应国家"大众创业、万众创新"的口号，深入贯彻落实党的十九大精神，培养高质量人才，促进大学生全面发展，编者结合当前大学生的创新创业现状，总结多年从事创新创业教学和指导工作的经验编写了本书。

　　本书从实用角度出发，系统地阐述了创新创业的相关知识，旨在全面培养学生的创新意识和创业能力。在编写的过程中，本书重点突出以下特点。

　　1. 故事开篇，趣味性强

　　本书的每一章都通过典型、有趣的创新创业故事引出正文，不仅可以激发学生的学习兴趣，还可以拓宽学生的知识面。

　　2. 案例典型，易教易学

　　本书采用相关的典型案例辅助知识讲解，既便于教师教学，又能加深学生对重点和难点的理解，还可以拓展学生的视野，使其思维更加灵活。

　　3. 深入浅出，贴近实际

　　本书以通俗的语言讲述了创新创业的知识点。对一些理论性较强的知识辅以案例进行重点讲解，并引导大学生运用案例分析的方法进行学习，培养大学生独立思考问题、分析问题、解决问题的能力。

　　本书由昆明幼儿师范高等专科学校的高红、李泽华担任主编，马骏、石国涛担任副主编。

　　由于编者水平有限，书中难免存在疏漏或不足之处，敬请广大读者批评、指正。

编　者

目 录

第一章　创新概述

开篇故事

华为重视创新的回报

在 2019 年 8 月 9 日揭幕的华为"2019 开发者大会"上,人们期待已久的华为操作系统"鸿蒙"正式发布。这是中国第一款可以与谷歌、苹果操作系统分庭抗礼的多种终端通用自主操作系统。2019 年 8 月 10 日搭载"鸿蒙"的荣耀智慧屏发布。

这个开发者大会是在华为刚被美国政府列入黑名单的背景下举办的,它不仅引起国内亿万拥趸的强烈关注,而且举世瞩目。世界对华为的关注决不仅是因为它是美国关税政策、对华遏制的受害者,而是因为华为在 5G 技术上已经是世界的引领者、在手机等终端业务上大有执掌世界牛耳的势头。最近一二十年来,中国企业变成跨国公司的不算少,但能够走进世界行业舞台中心的,华为现在是主要代表。

华为现在处于世界的聚光灯下,全世界时刻关注着华为。几天前有西方媒体问华为负责人,所谓"鸿蒙"操作系统是不是华为画的一个饼,主要作为与美国谈判的筹码。仅仅几天过去,"鸿蒙"便由江湖传说变成近在眼前的现实。长期以来,我们就是像今天的世界一样,带着好奇与羡慕关注着苹果的每一场技术、产品发布会,媒体把苹果当成时尚,免费为它吆喝。现在,有着好奇眼神的是全世界,西方世界和我们一样,想知道华为的每项新技术、新产品与新应用。

现在中国人把华为当成产业界、产业技术界的"英雄",国内业界承认华为是自己的精神领袖。华为让国内企业懂得了什么呢?让他们懂得了掌握核心技术的重要性,核心技术就是核心竞争力,也是企业的生命线。但对于华为来说,其企业哲学可能不在于此,掌握核心技术只是一个果,他们的核心价值观其实是"创新"。因为高度重视创新,华为才掌握了核心技术,具备了核心竞争力,今天才能够不惧美国打压。

经济学家熊彼特早就说过,企业家的本质就是创新,他们通过对企

1

业组织、内外资源进行重新配置，实现创新，从而提高效率，获得超额利润。由于国内市场巨大，人力资源丰富且便宜，一些中国企业长期满足于模仿抄袭，觉得创新没有必要。但在中美经贸摩擦背景下，面对美国政府的步步紧逼，华为却能"稳坐钓鱼船"。对那些不够重视创新的企业来说，这是一次刻骨铭心的公开课。

华为的故事才刚刚开始，它以创新为核心竞争力，正走在攀登高峰的路上。创新之路很难走，付出巨大，承担着失败的风险，但一旦成功，就可以享受技术垄断带来的超额利润。2018 年，苹果公司的净利润超过 595 亿美元，按当前汇率换算，接近人民币 4 200 亿元；三星净利也有 340 亿美元，相当于 2 346 亿元人民币。而华为 2017 年营收才 1 000 亿美元，净利 593 亿元人民币。保持这样的势头发展，华为就有可能成为苹果、三星这样的行业利润顶级收割者。这就是创新者可以得到的回报。

（资料来源：改编自《"鸿蒙"从传说变成现实，是华为重视创新的回报》，载《长江日报》，2019-08-09。）

模块一　理解创新内涵

名人语录

纵观人类发展历史，创新始终是一个国家、一个民族发展的重要力量，也始终是推动人类社会进步的重要力量。
——习近平

创新就是在生活中发现了古人没有发现的东西。
——李可染

理解创新内涵

天才的主要标记不是完美而是创造，天才能开创新的局面。
——亚瑟·柯斯勒

学习目标

（1）了解创新的概念与意义。

（2）认识创新的不同类型。

（3）掌握开展创新活动所依据的法则和判断创新构思所凭借的标准。

案例导入

创新视角看利润

美国历经百年的自由女神像翻新后，现场存有 200 吨废料难以处理。当时一个犹太人正在法国旅行，听到这个消息，立即终止休假，飞往纽约，主动承包清理工作。他将废料分类处理，把废铜皮铸成小自由女神像，旧木料加工成底座，废铜边角料做成钥匙，供大家选购，不到 3 个月的时间，废料变成了 350 万美元，每磅铜的价格整整翻了 1 万倍。

（资料来源：改编自《自由女神像废料里的商机》，载《作文与考试·高中版》，2011(24)。）

想一想：

(1)通过阅读上面的案例，你获得了什么启示？

(2)在日常生活中，你有没有变废为宝的经历？

知识学习

一、创新的概念

在我国，创新一词出现得很早，如《魏书》中有"革弊创新"，《周书》中有"创新改旧"，还有和创新含义相近的词汇，如"苟日新、日日新、又日新"等。创新一词中的"创"字，是开创的意思，"新"字与"旧"字相对应。可以从两方面来理解创新的含义，一方面创新意味着创造新的事物，另一方面创新意味着在已经存在的事物的基础上，对其进行更新或创造新的事物来替代该事物，既包含了创造又包含了对原有事物的创新。人类创新的过程是不断思考、不断行动的过程，通过创造创新活动，将创造创新的想法变为现实，创造出新的事物或者对原有的事物进行变革。

创新理论的起源可追溯到 1912 年，美国经济学家熊彼特在《经济发展理论》一书中首次提出创新理论。创新是指把一种新的生产要素和生产条件的新结合引入生产体系。它包括这几种情况：①引入一种新产品；②引入一种新的生产方法；③开辟一个新的市场；④获得原材料或半成品的一种新的供应来源。

创新故事

整合思维的产物——蛋卷冰激凌

1904 年，在美国圣路易斯举办世界博览会(世博会)后，人们评选出

笔记区

笔记区

了本届世博会的真正明星，它不是任何一家参展商提供的产品，而是世博会门口小商贩出售的食品，这是怎么回事呢？

原来，一位叫哈姆威的小贩在会场外出售甜脆薄饼。他旁边有一位卖冰激凌的小贩。夏日炎炎，冰激凌卖得很快，不一会儿盛冰激凌的小碟就不够用了。热心的哈姆威于是把自己的脆薄饼卷成锥形，给旁边的小贩当作盛冰激凌的小碟。

没想到，冰激凌和脆薄饼结合在一起，受到了出乎意料的欢迎，人们争相购买。会后，它被市民评选为"真正的世博明星产品"。它就是今天我们熟知的蛋卷冰激凌。

（资料来源：改编自《是谁让冰激凌变成蛋卷冰激凌？》，载《辽宁职工报》，2017-08-23（4）。）

二、创新的本质

（一）创新的内涵

创新是指创造出"新"的价值，把未被满足的需求或潜在的需求转化为机会，并创造出新的需求。企业创新的目的是创造新客户和维护老客户，如果以牺牲客户需求为代价，一味地追求企业利润最大化，那么只会给企业甚至是整个行业带来沉重的打击。因此，发明未必是创新，创业也未必是创新。

🎧 创新故事

百视达的陨落与 Netflix 的兴起

20 世纪 90 年代末，百视达是控制着美国电影出租行业的最大的公司，他们的商店遍布美国的各个地区。他们的盈利模式，是通过出租 DVD 赚取利润。对于到期不还 DVD 的顾客，会以天为单位收取额外的费用。因为这些被滞留在顾客家里的 DVD 无法再借给别的顾客，也就没法赚取相应的利润。

滞留金成了百视达公司利润的主要来源。有调查数据显示：该公司 70％ 的利润都来自顾客延期产生的费用。在百视达公司的鼎盛时期，出现了一家叫 Netflix 的公司，他们的盈利方式跟百视达完全不同：他们不是让顾客去店里租 DVD，而是把 DVD 直接寄到客户家中，采取收月租的方式出租自己的 DVD，倘若顾客没有按时把 DVD 看完，公司就不需要支付顾客返程的邮费，也不需要再次寄出顾客之后的 DVD 了。

当时的百视达公司看到了 Netflix 的新模式，倘若他能够按照 Netflix 的模式去经营，一定能够把这个新兴企业打垮。但百视达并不认为 Netflix 是自己的竞争对手，这种蔑视并不仅仅只因为傲慢，还因为落入了放弃沉没成本的思维陷阱。

2010 年，百视达宣布破产，而 Netflix 成了拥有 2 400 万顾客的大公司。

放在当下每个人身上，也会上演跟百视达一样的悲剧，总有人不愿意放弃现有的鸡肋，去拥抱新的变化和机会。对于创业者而言，放弃现有的收益去实现创新化生存，这需要很大的智慧和勇气。

（资料来源：改编自王可越：《创新化生存》，北京：北京日报出版社，2019。）

创新所释放出来的生产力及其创造出来的市场价值推动了产业和社会的不断进步，有效地避免了经济衰退和社会动荡。创新不但是企业可持续发展的原动力，而且是推动社会进步的有效途径。

在高速变化的互联网时代，创新正在成为每个组织和个人必须具备的能力。

（二）创新的意义

创新是一个民族进步的灵魂，是一个国家兴旺发达的不竭动力，也是一个政党永葆生机的源泉。这是江泽民同志总结 20 世纪世界各国政党，特别是共产党兴衰成败的历史经验和教训得出的科学结论。

近代以来人类文明进步所取得的丰硕成果，主要得益于科学发现、技术创新和工程技术的不断进步，得益于科学技术应用于生产实践中形成的先进生产力，得益于近代启蒙运动所带来的人们思想观念的巨大解放。可以这样说，人类社会从低级到高级、从简单到复杂、从原始到现代的进化历程，就是一个不断创新的过程。不同民族发展的速度有快有慢，发展的阶段有先有后，发展的水平有高有低，究其根本，民族创新能力的水平是其主要影响因素之一。

三、创新的类型

创新虽有层次之分和大小之别，但无领域与范围之限。从不同角度，可以对创新作出不同类型的划分。

（一）根据创新的性质划分

1. 原始创新

原始创新是指前所未有的重大科学发现、技术发明、原理性主导技术等创新成果。原始创新意味着在研究开发方面，特别是在基础研究和高技术研究领域取得了独有的发现或发明。原始创新是最根本的创新，是最能体现智慧的创新，是一个民族对人类文明进步作出贡献的重要体现。

笔记区

🎧 **创新故事**

再生疗法

在以往有关细胞分化的研究中，认为细胞的分化是一个不可逆过程。但是，1958年的一项研究表明，在一些特定的条件下，某些已经分化了的细胞具有不稳定性，使得其分化过程中的基因表达过程会发生逆转，出现一些未分化的细胞。这一巨大发现，为细胞分化的研究开辟了崭新领域，生物学家不断在自然界中寻找能实现细胞重生的生物，而一些在断肢后能重生的生物受到研究者青睐，使得有关定向诱导细胞分化表达的研究大热，为新型再生疗法带来希望的曙光。

（资料来源：改编自《这10项改变世界的重大科学发现！每一个发现均开启一个新时代》，https://xw.qq.com/cmsid/20191220A09WDQ00，2019-12-20。）

2. 集成创新

集成创新是指利用各种信息技术、管理技术和工具等，对各个创新要素和创新内容进行选择、集成和优化，形成优势互补的有机整体的动态创新过程。集成创新强调灵活性，重视质量和产品多样化。

现代企业集成创新以提高企业持续的整体竞争力为目标，注重创新过程与资源创造性的集成与协同。虽然集成创新的概念还没有一个非常明确的定义，但从很多观点和表述中可看到，集成创新的主体是企业，集成创新的目的是有效集成各种要素，在主动寻求最佳匹配要素的优化组合中产生"1+1>2"的集成效应。

3. 引进、消化吸收再创新

引进、消化吸收再创新是最常见、最基本的创新形式，其核心概念是利用各种引进的技术资源，在消化吸收的基础上完成重大创新。它与集成创新的相同点是，都是利用已经存在的单项技术为基础；不同点在于，集成创新的结果是一个全新的产品，而引进、消化吸收再创新的结果，是产品价值链某个或者某些重要环节的重大创新。引进、消化吸收再创新是各国普遍采取的方式。

(二)根据创新的内容划分

1. 理论创新

理论创新是指人们在社会实践活动中，对出现的新情况、新问题作新的理性分析和理性解答，对认识对象或实践对象的本质、规律和发展变化的趋势作新的揭示和预见，对人类历史经验和现实经验作新的理性升华。简单地说，就是对原有理论体系或框架的新突破，对原有理论和方法的新修正、新发展，以及对理论禁区和未知领域的新探索。

2. 制度创新

制度创新是指在人们现有的生产和生活环境条件下，通过创设新的、能更有效激励人们行为的制度、规范体系来实现社会的持续发展和变革的创新。所有创新活动都有赖于制度创新的积淀和持续激励，通过制度创新得以固化，并以制度化的方式持续发挥自己的作用，这是制度创新的积极意义所在。

制度创新的核心内容是社会政治、经济和管理等制度的革新，是支配人们行为和相互关系的规则的变更，是组织与其外部环境相互关系的变更。其直接结果是激发人们的创造性和积极性，促使人们不断创造新的知识，使社会资源得到合理配置，使社会财富源源不断地涌现，最终推动社会的进步。

3. 科技创新

科技创新是指创造和应用新知识、新技术、新工艺，采用新的生产方式和经营管理模式，开发生产新产品，提高产品质量，提供新的服务的过程。按钱学森提出的开放的复杂巨系统理论的分类，科技创新包括三类：知识创新、技术创新及现代科技引领的管理创新。从微观上讲，科技创新有助于企业占据市场并实现市场价值，从而提升企业核心竞争力乃至区域竞争力；从宏观上讲，科技创新能推动技术的创新发展，促进整个社会生产力的提高，同时减少环境污染，满足社会需求，解决社会问题。

4. 文化创新

文化在交流的过程中传播，在继承的基础上发展。文化发展的实质，就在于文化创新。文化创新，是社会实践发展的必然要求，是文化自身发展的内在需求。

文化创新可以推动社会实践的发展。文化源于社会实践，又引导、制约着社会实践的发展。推动社会实践的发展，促进人的全面发展，是文化创新的根本目的，也是检验文化创新的标准。

📖 拓展阅读

创新在企业发展中的作用

创业者是开办、创建企业的主体。一切创新活动离不开创业者的实践。

1. 技术创新对企业的作用

在当前企业的发展中，技术创新是企业生存和发展的有力手段，是企业进行制度创新和管理创新的有力保障。技术创新是实现经济增长方式的突破口；是获得高质量经济增长的有效途径；是企业致富的根本途

笔记区

笔记区

径；是消除市场成熟化、替代化和发展新产品的有效途径。在市场经济条件下，企业必须按照价值规律和市场机制运行，企业生产经营必须面临市场竞争的压力。所以，通过实施技术创新可以使企业摆脱粗放式经营的道路，走以技术创新为核心的集约型发展道路，使企业有一个良性的发展机制，确保企业在国内外市场的竞争地位。

2. 知识创新在企业发展中的作用

知识创新是技术创新的基础，是新技术和新发明的源泉，是促进科技进步和经济增长的革命性力量。知识创新为人类认识世界、改造世界提供新理论和新方法，为人类文明进步和社会发展提供了不竭动力。企业的知识创新一般有两种形式：累积式知识创新和激进式知识创新。

累积式知识创新是企业在原有知识的基础上，结合外部资源进行持续创新。这种创新是在原有知识基础上的创新，创新的累积性还意味着学习过程必须是连续的，学习过程依赖主体使企业组织不会随时间的流逝而解体。

激进式知识创新是指企业突破惯性思维，发现现有知识中没有的全新知识。这一创新的来源既有科技创新给企业带来的根本性变革，也有企业效仿竞争对手引进的新知识、新技术与新理念。知识是企业的核心资源，正是由它转变成关键技术，才能成为企业独有的竞争优势。知识创新要不断地进步，才能让企业在激烈的竞争中立于不败之地。

（资料来源：改编自《创新与创业关系研究》，https://www.docin.com/p-1561762313.html，2016-05-05。）

四、创新的原理

(一)综合原理

综合是在分析各个构成要素基本性质的基础上，综合其可取的部分，使综合后所形成的整体具有优化的特点和创新的特征。

(二)组合原理

这是将两种或两种以上的学说、技术、产品的一部分或全部进行适当叠加和组合，用以形成新学说、新技术、新产品的创新原理。组合既可以是自然组合，也可以是人工组合。在自然界和人类社会中，组合现象是非常普遍的。

爱因斯坦曾说："组合作用似乎是创造性思维的本质特征。"组合创新的机会是无穷的。有人统计了20世纪以来的重大创造发明成果，经分析，发现20世纪三四十年代以突破型成果为主、组合型成果为辅；20世纪五六十年代两者大致相当；从20世纪80年代起，组合型成果开始占据主导地位。这说明组合原理已成为创新的主要方式之一。

创新故事

颠覆传统的组合创新

从古代的骨针到现代的钢针，模样都是一头针尖一头针孔。在第四届全国青少年发明创造比赛大会上，来自武汉的王帆同学发明的绣花针两头都是针尖，针孔在中间。以前，人们在刺绣时，总是要来回调换针头的方向，而双尖绣花针可以像梭子织网一样，直进直出，刺绣的工效提高了1～2倍。一年后，日本东京大学的医生也将双尖缝合针应用在整形外科手术上。

（资料来源：改编自王帆：《快捷双尖绣花针》，载《发明与创新（学生版）》，2009（5）。）

（三）分离原理

分离原理是指把某一创新对象进行科学的分解和离散，使主要问题从复杂现象中暴露出来，从而理清创造者的思路，便于抓住主要矛盾。分离原理在发明创新过程中，提倡将事物打破并分解，它鼓励人们在发明创造过程中，冲破事物原有面貌的限制，将研究对象予以分离，创造出全新的概念和全新的产品。例如，隐形眼镜就是眼镜架和镜片分离后的新产品。

（四）还原原理

还原原理要求我们要善于透过现象看本质，在创新过程中，能回到设计对象的起点，抓住问题的原点，将最主要的功能抽取出来并集中精力研究其实现的手段和方法，以取得创新的最佳成果。任何发明和革新都有其创新的原点。创新的原点是唯一的，追根溯源找到创新原点，再从创新原点出发去寻找各种解决问题的途径，用新的思想、新的技术、新的方法重新创造该事物，从本原上面去解决问题，这就是还原原理的精髓所在。

（五）移植原理

这是把一个研究对象的概念、原理和方法运用于另一个研究对象并取得创新成果的创新原理。"他山之石，可以攻玉"就是该原理能动性的真实写照。移植原理的实质是借用已有的创新成果进行创新目标的再创造。

创新活动中的移植根据重点不同，可以是沿着不同物质层次的"纵向移植"；也可以是在同一物质层次内不同形态间的"横向移植"；还可以是把多种物质层次的概念、原理和方法综合引入同一创新领域中的"综合移植"。新的科学创造和新的技术发明层出不穷，其中有许多创新是运用移植原理取得的。

(六)换元原理

换元原理是指创造者在创新过程中采用替换或代换的思想或手法，使创新活动内容不断展开、研究不断深入的原理。通常指在发明创新过程中，设计者可以有目的、有意义地去寻找替代物，如果能找到性能更好、价格更省的替代品，这本身就是一种创新。

(七)迂回原理

在进行创新创造的过程中，人们经常会遇到许多暂时无法解决的问题。迂回原理鼓励人们开动脑筋、另辟蹊径。不妨暂停在某个难点上的僵持状态，转而进入下一步行动或进入另外的行动，带着创新活动中的这个未知数，继续探索创新问题，不要钻牛角尖、走死胡同。因为有时通过解决侧面问题、外围问题和后继问题，可能会使原来的未知问题迎刃而解。

(八)逆反原理

逆反原理首先要求人们敢于并善于打破头脑中常规思维模式的束缚，对已有的理论方法、科学技术、产品实物持怀疑态度，从相反的思维方向去分析、去思索、去探求新的发明创造。实际上，任何事物都有着正反两方面，这两方面相互依存于一个共同体中。人们在认识事物的过程中，习惯于从显而易见的正面去考虑问题，因而阻塞了自己的思路。如果能有意识、有目的地与传统思维方法"背道而驰"，往往能得到极好的创新成果。

(九)强化原理

强化就是对创新对象进行精练、压缩或聚焦，以获得创新的成果。强化原理是指在创新活动中，通过各种强化手段，使创新对象提高质量、改善性能、延长寿命、增加用途，或使产品体积缩小、重量减轻、功能强化等。

(十)群体原理

科学的发展，使创新越来越需要发挥群体智慧才能有所建树。早期的创新多是依靠个人的智慧和知识来完成的，但随着科学技术的进步，要想"单枪匹马、独闯天下"，去完成像人造卫星、宇宙飞船、空间实验室和海底实验室等大型高科技项目的开发设计工作，是不可能的。这就需要创造者们能够摆脱狭窄的专业知识范围的束缚，依靠群体智慧的力量、依靠科学技术的交叉渗透，使创新活动从个体劳动的圈子中解放出来，焕发出更大的活力。大学生创新小组就是一种群体原理的运用。

在创新活动中，创新原理是运用创造性思维分析问题和解决问题的出发点，也是人们使用何种创造方法、采用何种创造手段的凭据。因此，掌握创新原理是人们能否取得创新成果的先决条件。但创新原理不是包治百病的"万灵丹"，不能指望在浅涉创新原理之后，就能对创新方法了如指掌并运用自如，就能解决创新的任何问题。只有在深入学习并深刻理解创新原理的基础上，人们才有可能有效地掌握创新的方法，也才有可能成功地开展创新活动。

📖 拓展阅读

创新对于教育的意义

创新与教育连在一起组成的，创新教育主要有两种含义：一是教育作为创新的对象，创新教育是指对教育作出创新的行动，常常与具体的教育事务相联系，如创新教育管理方式、创新教育模式、创新教育理念等。二是创新教育作为一个专有名词，是与守成教育、接受教育、传承教育、知识教育等以接受知识为显著特点的教育活动相对应的一种以培养创新性为主要特征的教育活动。

教育作为创新对象，一方面是教学设施的创新。从中国古代的竹简到纸张，从现代的书本到计算机，知识载体越来越创新化，这给受教育者带来了很大的便利。另一方面是教育模式创新。现在的大学教育是教育模式创新的一种结果，而且现在的模式也正朝着在线课堂的教育模式发展。关于创新教育理念，涉及教育的目的，从培养技术型人才到培养知识性人才和创新型人才，这些教育理念的创新，从根本上促进了教育的发展。创新教育是以培养创新意识、创新精神、创新思维、创造力和创新人格等创新素质以及新人才为目的的教育活动。

模块二　培养创新思维

🎬 名人语录

要坚持创新是第一动力、人才是第一资源的理念，实施创新驱动发展战略，完善国家创新体系，加快关键核心技术自主创新，为经济社会发展打造新引擎。

——习近平

好奇性和解放的思维是创新的源泉。

——周其凤

没有思想自由，就不可能有学术创新。

——周海中

培养创新思维

笔记区

笔记区

🏠 学习目标

(1)了解创新思维的培养原则和方法。

(2)认识培养当代大学生创新思维的作用。

🎬 案例导入

怀丙和尚捞铁牛

宋朝英宗年间,黄河发洪水,冲垮了河中府(今山西省永济市)城外的一座浮桥,将两岸岸边用来拴住铁桥的每个1万斤(5000千克)重的8个铁牛,也冲到了河里。洪水退去以后,为了重建浮桥,需将这8个大铁牛打捞上来。这在当时是一件极为困难的事,府衙为此贴了招贤榜。后来,一个叫怀丙的和尚揭了招贤榜。怀丙经过一番调查摸底和反复思考,指挥一帮船工终于将8个大铁牛全都捞上了岸。

怀丙提出的办法是,在打捞的那一天,让船工将两条大船装满泥沙,并排地靠在一起;同时在两条船之间搭了一个连接架。船划到铁牛沉没的地方后,他叫人潜入水下,把拴在木架上的绳子的另一端牢牢地绑在铁牛上。然后船上的船工一边在木架上收紧绳子,一边将船里的泥沙一铲一铲地抛入河中。随着船里泥沙的不断减少,船身一点一点地向上浮起。当船的浮力超过船身和铁牛的重量时,陷在泥沙中的铁牛便逐渐浮了起来。这时,通过船的划动,很容易就能把铁牛拉到江边并拉上岸。如此反复进行了8次,终于将8个大铁牛全都打捞到了岸上。

(资料来源:改编自《怀丙和尚捞铁牛》,载《安徽科技》,2012(12)。)

想一想:

怀丙运用了创新思维将铁牛打捞上来,你在日常生活中有没有通过创新思维解决问题的经历呢?

🏫 知识学习

创新思维是指以新颖独创的方法解决问题的思维过程,通过这种思维能突破常规思维的界限,以超常规甚至反常规的方法、视角去思考问题,提出与众不同的解决方案,从而产生新颖的、独到的、有社会意义的思维成果。创新思维的本质在于用新的角度、新的思考方法来解决现有的问题。

创新思维具有两种特性:①新颖性,是指创新的成果必须是前所未有的;②价值性,是指创新的成果应是有益于社会进步的,能够带来经济效益和社会效益。

创新思维的过程：提出问题→收集资料→展开联想→发散思维→提炼思路→选择思路。

一、创新思维的培养原则

创新思维的培养不是随便的、盲目的，特别在培养大学生创新思维的实践过程中需要遵循一定的原则。概括起来有以下四条基本原则。

(1)遵循实践性原则。创新是一种创造性的实践，脱离实际的创意是没有价值的。

(2)个性化原则。从某种意义上说，个性化就是创造性的代名词。没有个性就没有创造。每个人都是一个特殊的不同于其他人的现实存在，应注重培养其自主意识、独立人格和批判精神。

(3)协作性原则。大学生创新能力不只跟他们的智力因素有关，非智力因素也在很大程度上影响他们的创造性发挥。而现代科学的发展已经让任何一个人都无法在一生中涉足科学的每一方面。因此，只有科学信息共享、相互协作，才能有效地发挥个人潜能，促进文明的进步。

(4)系统性原则。培养大学生创新思维能力，不只是某个方面的问题，而是一个系统性的体系，包括大学生创新意识的培养、大学生创新思维的培养、大学生创新能力的培养及大学生创新人格的培养。

🎧 创新故事

宣传奇才哈利

美国宣传奇才哈利十五六岁时，在一家马戏团工作，负责在马戏团场内叫卖小食品。但每次看的人不多，买东西吃的人更少，尤其是饮料。有一天，哈利的脑瓜里诞生了一个想法：向每一个买票的人赠送一包花生，借此吸引观众。老板不同意这个荒唐的想法。哈利用自己微薄的工资作担保，恳求老板让他试一试。

于是，马戏团演出场地外就多了一个声音：来看马戏，买一张票送一包好吃的花生！在哈利不停的叫喊声中，观众比往常多了几倍。观众们进场后，小哈利就开始叫卖起饮料。而绝大多数观众在吃完花生后觉得口干时都会买上一杯，一场马戏下来，营业额比以往增加了十几倍。

(资料来源：改编自小柯：《创业小故事》，载《企业管理》，2012(12)。)

二、培养大学生创新思维的作用

21世纪，国家间竞争的实质是以科技发展为主导的综合国力的竞争。更重要的一点是社会竞争也是思维能力和创新能力的竞争。培养大

笔记区

学生的创新思维，具有重大的现实意义和长远利益。

(1)有利于个人才智的发挥和实现自己的人生价值。创新思维的开发可以激发人的潜能，而大学生创新思维的开发，则意味着未来中国将拥有更多高素质的建设者。当代大学生也将拥有一个发挥自己才华的平台。同时，我们的建设者可以自如地应对未来社会的竞争，在激烈的人才竞争中进一步使自己的人生价值、社会价值得到更好的实现。

(2)有利于中华文明的传承和进一步发展。中华文明是人类文明史上源远流长且唯一从未中断的文明。当代大学生作为我们文明的重要继承者，具有创新思维意识和创新心理素质，则必将使我们的文明得到更高质量的发展，实现中华文明的伟大复兴。

(3)有利于我国经济、政治、文化、社会和自然生态的健康稳定快速发展。改革开放以来，我国的经济、政治、文化、社会和自然生态得到了突飞猛进的发展。随着我国经济社会的不断发展，经济、政治、文化改革也在不停地进行着。大学生作为社会主义事业未来的合格建设者和可靠接班人，开发和培养其创新思维是非常有意义的。大学生创新思维的培养可以使大学生的更好地把握经济、政治、文化、社会和自然生态发展变化的规律，从而使中国特色社会主义市场经济建设的方向更加明确，使政治、社会、文化体制改革和生态文明建设更加有效。纵观世界经济、政治、文化、社会的发展，可以看到每一分钟都充满着竞争与挑战。所以，大学生创新思维的开发与培养，是我国经济、政治、文化、社会和自然生态健康稳定快速发展的重要保障。

🎧 创新故事

篮球运动的历史

据说篮球运动刚诞生的时候，篮板上钉的是真正的篮子。每当球投进的时候，就有一个专门的人踩在梯子上把球拿出来。为此，比赛不得不断断续续地进行，缺少激烈紧张的气氛。为了让比赛更顺畅地进行，人们想了很多取球的方法，都不太理想。有位发明家甚至制造了一种机器，在下面一拉就能把球弹出来，不过这种方法仍没能让篮球比赛紧张激烈起来。

终于有一天，一位父亲带着他的儿子来看球赛。小男孩看到大人们一次次不辞劳苦地取球，不由大惑不解：为什么不把篮筐的底去掉呢？一语惊醒梦中人，大人们如梦初醒，于是才有了今天我们看到的篮网样式。去掉篮筐的底，就这么简单，但那么多有识之士都没有想到。听来让人费解，然而这个简单的难题困扰了人们多年。可见，无形的思维定式就像那个结实的篮子禁锢了我们的头脑，使得我们的思维就像篮球被囚禁在了篮筐里。于是，我们盲目地去搬梯子、去制造机器。

生活中许多时候，我们就需要这样一把剪刀，去剪掉那些缠绕我们思维的篮筐，生活原本并没有那么复杂。

（资料来源：改编自汪哲：《耐人寻味的小故事》，载《刊授党校》，2008(11)。）

三、大学生创新思维的培养

大学生在校期间只有遵循大学生创新思维培养的基本原则，才能使大学生的创新能力得到巨大的提升，为大学生以后的工作和生活打下坚实的基础。大学生培养创新思维的过程中应注意以下几点。

(1)打破陈旧思维模式。由于我国大部分大学生在中小学期间长期受到应试教育的影响，没有足够的时间进行技能方面的训练和思维方法的训练，导致许多大学生缺乏创新意识，创新能力不强。在日常生活中，沿用传统的思维方式只会扼杀自己的创新念头，大学生应学习使用创新思维来思考问题，多尝试使用新的观念和不同的视角来看待遇到的问题，提高自己的创新意识。

(2)提高自我评价。大学生对自己的新观点、新想法，应有一个正确的认识，不要从一开始就觉得自己的想法是不切合实际的。很多成功的企业家在创业初期也是不被众人理解的。大学生应学习围绕自己的新观点、新想法进行全方位的思考，尝试从不同的角度探寻其可行度。

(3)深化课堂教学改革。传统的课堂教学是以老师为中心，没有发挥学生在课堂上的主体作用，学生只能一味地接收老师讲授的知识，抑制了学生主动思考的积极性。大学教学过程中的一切条件、环境和手段，都与大学生创新思维的培养和发展息息相关。课堂教学作为大学教育的主阵地，更应该在大学生创新意识的培养过程中起到作用。高校应建立以大学生为中心的教学体制，老师在课堂上以引导为主，激发大学生自主思考的积极性，强化大学生的探索精神，培养大学生的创新意识。

(4)树立新的教育观。在2018年全国教育大会上，习近平总书记首次将劳动教育与德育、智育、体育、美育并列，指出"要努力构建德智体美劳全面培养的教育体系，形成更高水平的人才培养体系"。德智体美劳"五育"的提出，标志着我国进入全民素质教育时代。学校应围绕"五育"建立一个全新的育人体系，对于过去不太重视的体育、美育、劳动教育应加大投入力度，保障大学生全面发展。

(5)营造良好的校园环境。在我国首个中国航天日，习近平总书记做出重要指示："激发全民尤其是青少年崇尚科学、探索未知、敢于创新的热情，为实现中华民族伟大复兴的中国梦凝聚强大力量。"我国目前处于发展的重要阶段，当前大部分大学生的创新能力不适应高质量发展

笔记区

笔记区

要求，加强创新型人才培养的任务刻不容缓。营造良好的校园环境和文化氛围，能够激发大学生的创新激情，锻炼大学生独立创新的能力。高校应逐步建立创新机制，鼓励大学生积极参与创新活动，培养大学生创新意识，进一步完善大学生的创新人格。

🎧 创新故事

轮滑的由来

英国有个名叫吉姆的小职员，成天坐在办公室里抄写东西，常常累得腰酸背痛。他消除疲劳最好的办法就是在工作之余去滑冰。冬季很容易就能在室外找到滑冰的地方，而在其他季节，吉姆就没有机会滑冰了。怎样才能在其他季节也能像冬季那样滑冰呢？对滑冰情有独钟的吉姆一直在思考这个问题。想来想去，他想到了脚上穿的鞋和能滑行的轮子。吉姆在脑海里把这两样东西的形象组合在一起，想象出了一种能滑行的鞋。经过反复设计和试验，他终于制成了四季都能用的旱冰鞋。组合想象思考法就是指从某些客观存在的事物形象中，分别抽出它们的一些组成部分或因素，根据需要作一定改变后，再将这些抽取出的部分或因素组合，构成具有自己的结构、性质、功能与特征的能独立存在的特定事物形象。

（资料来源：改编自《旱冰鞋的产生》，载《党课》，2015(20)。）

🎧 创新故事

5 美元的奇迹

在斯坦福大学的课堂上，Tina Seelig 教授做了这样一个小测试：她给了班上 14 个小组各 5 美元作为启动基金，要求在 2 小时之内赚到尽量多的钱。学生们有 4 天的时间去思考如何完成任务。

当他们打开信封，就代表任务启动。每个队伍需要在 2 小时之内，运用这 5 美元赚到尽量多的钱。然后在周日晚上将他们的成果整理成文档发给教授，并在周一早上用 3 分钟在全班同学面前展示。

如果是你，你会怎么完成这项挑战呢？

当教授在课堂上第一次向同学们提出这个问题的时候，底下传来了这样的回答："拿这 5 美元去拉斯维加斯赌一把！""拿这 5 美元去买彩票！"这样的答案无疑引来了全班同学的哄堂大笑。这样做并不是不可行的，但是他们必须承担极大的风险，任务也几乎是不可能完成的。

前几名的队伍在两小时之内赚到了超过 600 美元，5 美元的平均回报率竟然达到了 4 000％！那么，他们是怎么创造这些奇迹的呢？

创造奇迹的办法一：

有一个队伍发现了大学城里的一个常见问题——周六晚上某些热门

的餐馆总是大排长队。这个队伍发现了一个商机，他们向餐馆提前预订了座位，然后在周六临近的时候将每个座位以最高20美元的价格出售给那些不想等待的顾客。

在那一晚，他们观察到了一些有趣的现象：团队里的女学生比男学生卖出了更多的座位，可能是女性更具有亲和力的原因。所以他们调整了方案，男学生负责联系餐馆预订座位，女学生负责去找客人卖出他们这些座位的使用权。

创造奇迹的办法二：

这个团队认为他们最宝贵的资源既不是5美元，也不是2小时的赚钱时间，而是他们周一课堂上的3分钟展示。斯坦福大学作为一所世界名校，不仅学生挤破了头想进，公司也挤破了头希望在里面招人。这个团队把课上的3分钟卖给了一个公司，让他们打招聘广告。就这样简简单单，3分钟赚了650美元。

他们发现：他们手头最有价值的资源既不是去售卖自己的时间，也不是去卖面子，而是售卖他们班上的同学——这些人才才是社会最需要的。

这种思维方式，就是我们现在都在追求的"创新思维"。

（资料来源：改编自蒂娜·齐莉格：《如何在2小时内，让5美元升值100倍？》，载《销售与市场（渠道版）》，2017(5)。）

模块三 树立创新意识

🎬 名人语录

重大科技创新成果是国之重器、国之利器，必须牢牢掌握在自己手上，必须依靠自力更生、自主创新。

——习近平

能正确地提出问题就是迈出了创新的第一步。 ——李政道

创新有时需要离开常走的大道，潜入森林，你就肯定会发现前所未见的东西。

——贝尔

树立创新意识

🏠 学习目标

(1) 了解创新意识的构成和特征。
(2) 认识创新意识的作用。
(3) 掌握当代大学生创新意识的培养方法。

笔记区

案例导入

是谁和谁吵起来了

有这样一道测试题：一位公安局局长在茶馆里与一位老人下棋。正下到难分难解之时，跑来了一位小孩，小孩着急地对公安局局长说："你爸爸和我爸爸吵起来了。"老人问："这孩子是你的什么人？"公安局局长答："是我的儿子。"那么是谁和谁吵起来了？

据说有人曾拿这道题对 100 个人进行了测试，结果只有两个人答对了。后来对一个三口之家问这个问题，父母没答对，孩子却很快答了出来："局长是个女的，吵架的一个是局长的丈夫，即孩子的爸爸；另一个是局长的爸爸，即孩子的外公。"

（资料来源：改编自 Amada：《别让"刻板效应"给忽悠了》，载《职业教育（上旬刊）》，2017(5)。）

想一想：

为什么许多成年人无法解答的问题，小孩子却答对了呢？

知识学习

创新意识是善于独立思考，敢于标新立异，提出新观点、新方法，解决新问题和创造新事物的意识。它是创新思维和创新活动的基本前提和条件，直接决定创新活动的产生和创新能力的发挥。创新意识，就是求佳意识。马斯洛说："创造性首先强调的是人格，而不是成就……自我实现的创造性强调的是性格上的品质，如大胆、勇敢、自由自主性、明晰、整合、自我认可，即一切能够造成这种普遍化的东西，或者说是强调创造性的态度、创造性的人。"

一、创新意识的构成

创新意识包含以下基本因素。

（一）创新思维

创新思维以发现新观点、新理论、新思想为目标，具有新颖性、独特性和求异性。创新思维对人的行为和决策具有直接的、重要的影响。

（二）创新精神

创新精神指的是人们能够综合运用已有的知识、信息、技能和方法，提出新方法、新观点的思维能力和进行发明创造、改革、革新的意志、信心、勇气和智慧。

(三)风险意识

创新意味着对现状的革新，结果往往具有不确定性，有时甚至要付出高昂的代价。任何创新都面临着风险的考验。在增强创新意识的同时，也要增强风险防范意识，有足够的思想准备来应对、化解风险。

二、创新意识的特征

(一)新颖性

创新意识是一种求新意识，或是为了满足新的社会需求，或是用新的方式更好地满足原来的社会需求。

(二)社会历史性

创新意识是以提高人们物质生活和精神生活水平的需要为出发点的，而这种需要很大程度上受具体的社会历史条件制约。在阶级社会里，创新意识受阶级性和道德观影响制约。人们的创新意识激起的创造活动及其产生的创造成果，应为人类进步和社会发展服务。创新意识必须考虑社会效果。

(三)个体差异性

人们的创新意识和他们的社会地位、文化素质、兴趣爱好、情感志趣等对应，这些是影响创新的主要因素。对于这些因素，每个人都会有所不同，因此对创新意识的判断既要考察人的社会背景，又要考察其文化素养和志趣动机。

创新故事

Google 的创意游泳池

有一次，Google 的老板告诉自己手下的一个团队说，你们只要达到目标，我就送你们一个游泳池。当时大家都觉得这不可能，因为在高楼大厦中没有足够的地方修建游泳池。结果，那个团队真的达到了目标，这个老板第二天就把游泳池带来了——不过这是一个吹气的游泳池。后来 Google 真的建了一个游泳池，但是只有四米长，四米长的游泳池怎么游泳呢？它有一个逆流喷水装置，让你永远在同一个地方游，跟跑步机的原理一样。

(资料来源：改编自《谷歌的创新故事》，载《首席人才官》，2009(10)。)

三、创新意识的表现形式

根据创新意识在创新实践中自觉程度的高低、指导力量的大小和持续时间的长短，创新意识可被依次划分成创新需要、创新动机、创新兴

笔记区

笔记区

趣、创新理想、创新信念、创新世界观六种表现形式。

创新意识的培养和开发是培养创新人才的起点，只有从小注重培养主体的创新意识，才能为其成长为创新人才打下良好的基础。

🎧 创新故事

味精的发现

一天，一位博士吃晚饭时，拿起筷子搅了搅碗里的汤，抿了一口发现格外好喝，于是问太太："今天的汤很鲜，用什么材料煮的？"

"没有特别的材料，今天去市场顺便买了点海带，就放到了汤里面。"博士感觉，海带里一定有什么美味的成分。于是他带着海带到实验室分析。经过半年的时间，他发现海带里有一种成分叫谷氨酸钠，于是他给这种美味起了一个名字——味精。后来他又进一步发明了用小麦、脱脂大豆为原料制造谷氨酸钠的办法。这为味精的工业化生产开拓了广阔的前景。

（资料来源：改编自新元：《味精是这样被发现的》，载《海洋世界》，2002(4)。）

四、创新意识培养的意义

创新意识培养的意义主要体现在以下三方面。

第一，创新意识是决定一个国家、民族创新能力最直接的精神力量。

如今，创新能力实际就是国家、民族发展能力的代名词，是一个国家和民族解决自身生存、发展问题的能力大小的客观和重要的标志。创新更新了人们的生产工具和生产技术，提高了劳动者的素质，开辟了更广阔的劳动对象，也推动了社会生产力的发展。

第二，创新意识可促成社会多种因素的变化，推动社会的全面进步。

创新意识根源于社会生产方式，它的形成和发展必然进一步推动社会生产方式的进步，从而带动经济的飞速发展，促进上层建筑的进步。创新意识进一步推动人的思想解放，有利于人们形成开拓意识、领先意识等先进观念，有利于促进社会政治向更加民主、宽容的方向发展。这些条件反过来促进创新意识的发展，更有利于创新活动的进行。

第三，创新意识能促成人才素质结构的变化，提升人的本质力量。

创新实质上确定了一种新的人才标准，代表着人才素质变化的性质和方向，输出了一种重要的信息：社会需要充满生机和活力的人、有开拓精神的人、有新思想道德素质和现代科学文化素质的人。它从客观上引导人提高自己的素质，使人的本质力量在一个较高的层次上得以确证。它激发人的主体性、能动性、创造性，使之得到进一步发挥，从而使人自身的内涵获得极大的丰富和发展。

五、大学生创新意识的培养

一个人的意识和能力总是受到多方面因素的影响，因此，大学生创新意识的培养也要从多个角度去分析。学生的创新意识和实践能力除了受自身的知识、智能和非智能因素的影响外，还受周围的人群、相应的教师素质和学校内外的环境等因素的影响。因此，培养大学生的创新意识和创新能力也必须综合各方面的因素。当代大学生创新意识的培养途径和方法主要有以下三种。

1. 营造良好的校园文化氛围，激发学生的创造力

学校方面有目的地利用校园文化传播方式，营造一种平等、民主、积极进取、奋发向上的文化氛围。充分利用广播电台、多媒体、图书馆、墙报等信息渠道扩大学生视野，引发学生的求知欲望；邀请专业领域里卓有成就的人才，与同学们见面谈心、分享经验，培养成才意识；学校领导、教师和管理人员要关心爱护学生，帮助他们克服传统保守意识，让学生充分感觉到心理安全和心理自由，激发学生的创造欲望。

2. 改善教育环境，营造民主气氛

创造人格的形成与创造思维的形成，有赖于长期综合性的陶冶与熏染；而民主、自由、和谐、安全的精神环境，是创新素质成长不可或缺的养料与气候。只有在民主的氛围当中，才会有人格的自由与舒展，才会有思维的活跃与激荡，进而才有创新潜能的迸发。从某种意义上来说，民主的精神氛围不仅是创新教育的背景条件，而且其本身就是最有利的创新教育。

3. 改革培养模式，激发学生的创新意识

高等教育中，以传统的分科为中心，实行分科教学，学生所学的只是确定的、系统化的甚至是陈旧过时的知识。实际教学中，教师的主动性与学生的主体性位置没摆正，教师注重讲解，学生被动地学习，其积极性受到很大的限制。教学中不注重学生的个性发展，实行统一的大纲、统一的教材和统一的考试，在这种统一的规范下，培养出来的学生知识结构和思维方式也容易雷同，缺乏个性、缺乏创见。

🎧 **创新故事**

"海鸥司令"本杰利

第二次世界大战期间，英国潜艇司令官本杰利在研究如何对付德军潜艇。一天，他独自在沙滩上散步，注意到附近海面上一群海鸥在低空盘旋。他用望远镜一看，原来海面上漂浮着潜艇里扔出的剩饭菜，海鸥出来觅食了。

笔记区

笔记区

于是，本杰利想出了一个办法。他下令潜艇士兵每次在潜艇巡航时，不断地向海面投放食物。从此，每次出航，都有大批海鸥在海面上争抢食物。时间一长，海鸥一发现水下有黑影，就会在海面尾随等食了。

后来，战斗打响了，本杰利给士兵下命令：只要发现海面上有海鸥集结低空飞翔，即可对此地方发动攻击！靠这种方法，英国潜艇多次对德国潜艇进行了猝不及防的打击。本杰利也被士兵戏称为"海鸥司令"。

（资料来源：改编自《"海鸥司令"本杰利》，载《幽默与笑话（下半月）（儿童彩图）》，2015(1)。）

拓展训练

1. 违纪开车

在美国城市街道的交叉路口，明文规定：有步行者横穿公路时，车辆应停在人行道前等待。可是偏偏有个汽车司机，当交叉路口处还有很多人横穿过马路时，他却突然撞进人群中，全速向前跑。这时旁边的警察看了也无所谓，并没有责怪他。你说这是为什么？

2. 变换方位

在桌子上并排放有3张数字卡片组成一个三位数216。如果把这3张卡片的方位变换一下，则组成了另一个三位数，这个三位数恰好能用43除尽。这个三位数是什么数？是怎样变换的？

3. 踩报纸

首先准备一些报纸，然后将班级同学分为若干小组，每组不少于10个人，要求每组在规定的时间（由教师视人数多少而定）内全部站到1开大的报纸上，并且每个人的脚都不能站出报纸的边界。

第二章 创新方法与创新能力

开篇故事

三只松鼠的故事

三只松鼠不是动物园的卖萌神器，而是安徽的一家电子商务公司。2012年，当大家都认为电商红海比2011年还红的时候，"三只松鼠"成立了，卖的是松鼠最爱吃的坚果类产品，主打产品是碧根果。半年之后首秀，参加"双11"大促销，因为卖得太好，差点发不出货来，很快跃居坚果类产品销售第一名。

2020年4月23日，三只松鼠发布公告，基于战略发展需要，拟设立9家全资子公司，并由设立完成后的三只松鼠供应链管理公司设立全资子公司，即公司的全资孙公司三只松鼠华东供应链管理公司。大半个月的时间内，成立10家公司，涉及资金3亿多元，覆盖国际贸易、销售、科技、婴童食品、宠物食品等数个领域。

这是三只松鼠上市首年净利润下滑17.80%情况下，第一次对外公布公司下一步的发展战略。

狂奔"国民零食第一股"

三只松鼠2019年年度报告显示，其营收为101.73亿元，同比增长45.3%；净利润为2.39亿元，同比下降21.43%。目前，三只松鼠已构建起以天猫、京东、投食店、松鼠联盟小店等为代表的全渠道销售模式，实现多场景多业态布局，进而更高效地触达用户。

2019年7月12日，三只松鼠在深交所创业板挂牌上市，发行价格为每股14.68元。当日收盘，较发行价上涨44.01%，总市值达到84.77亿元。成功上市后，章燎原在接受采访时表示，"上市从来都不是我的梦想，我的梦想是创造一个独特的松鼠世界"。

寻求创新，线下开店造IP

2016—2019年，三只松鼠呈现盈利逐渐下滑的趋势。之所以造成这种局面，一是过度依赖线上电商平台，营业成本居高不下；二是代工模式造成产品质量难以把控。

跟良品铺子、来伊份等从线下往线上发展不同，三只松鼠作为一个

笔记区

纯线上品牌，往线下转移，不仅要面对截然不同的市场，还要面对不同的消费群体。早在2016年，三只松鼠就开了第一家线下投食店，试图融合线上、线下用户，通过数据反馈进行双线调整。经过多年发展，如今三只松鼠线下店采取两种模式运营：投食店采用直营模式，小店采用IP联盟模式。

打造未来家庭场景消费型品牌

当下，零食行业同质化严重，没有技术壁垒，价格优势几乎消失，要想继续做到行业第一，就必须有更多的故事可讲。在章燎原看来，"新零售"的组成要素中，自带流量的IP化玩法是核心，多样化的高品质商品、提供情感需求的服务缺一不可。

为此，三只松鼠成立国际贸易公司、供应链管理公司，在海外建立种植基地，通过技术合作布局供应链，研发产品，进入全球原料市场，开拓海外市场。进军婴童食品和宠物食品，则是为了丰富三只松鼠的品类，逐渐摆脱坚果类休闲零食品牌的印象，打造一个家庭场景消费性品牌。

（资料来源：改编自乔峰：《3亿多成立10家公司 "疯涨"的三只松鼠想讲什么故事？》，http://www.fbc180.com/p/124976.html，2020-04-24。）

模块一　运用创新方法

运用创新方法

🎬 **名人语录**

科技创新是核心，抓住了科技创新就抓住了牵动我国发展全局的牛鼻子。
　　　　　　　　　　　　　　　——习近平

最有价值的知识是关于方法的知识。　　——达尔文

方法是任何事物所不能抗拒的、最高的、无限的力量。　——黑格尔

良好方法能使我们更好地发挥天赋的才能，而笨拙的方法则可能阻碍才能的发挥。
　　　　　　　　　　　　　　　——贝尔纳

🏠 **学习目标**

(1)了解创新方法的相关知识。

(2)掌握创新方法的使用步骤。

案例导入

巧妙补救高档毛呢裙

　　某时装店的经理不小心将一条高档毛呢裙烧了一个洞，致使其身价一落千丈。如果用织补法补救，也只是蒙混过关，欺骗顾客。这位经理突发奇想，干脆在小洞的周围又挖去了许多小洞，并精于修饰，将其命名为"凤尾裙"。一下子，"凤尾裙"销路顿开，该时装店也出了名。

　　（资料来源：改编自马宏：《凤尾裙》，载《山西农民报》，2019-12-10(15)。）

　　想一想：

　　通过阅读上面的案例，你获得了什么启示？

知识学习

一、头脑风暴法

（一）头脑风暴法的概述

　　在群体决策中，由于群体成员心理相互作用影响，易屈于权威或大多数人的意见，形成所谓的群体思维。群体思维削弱了群体的批判精神和创造力，损害了决策的质量。为了保证群体决策的创造性，提高决策质量，管理上发展了一系列改善群体决策的方法，头脑风暴法是较为典型的一个。

　　头脑风暴法又可分为直接头脑风暴法（通常简称为头脑风暴法）和质疑头脑风暴法（也称反头脑风暴法）。前者是在专家群体决策时尽可能激发创造性，产生尽可能多的设想的方法，后者则是对前者提出的设想、方案逐一质疑，分析其现实可行性的方法。

　　头脑风暴法是由美国创造学家亚历克斯·奥斯本于 1939 年首次提出、1953 年正式发表的一种激发性思维的方法。

　　采用头脑风暴法组织群体决策时，要集中有关专家召开专题会议，主持者以明确的方式向所有参与者阐明问题，说明会议的规则，尽力创造融洽轻松的会议气氛。主持者一般不发表意见，以免影响会议的自由气氛。由专家们自由地提出尽可能多的方案。

创新故事

头脑风暴法

　　有一年，美国的北方格外寒冷，大雪纷飞，电线上积满冰雪，跨度

笔记区

大的电线经常被压断，严重影响通信。电信公司经理为了解决这一难题，应用奥斯本发明的头脑风暴法召开了座谈会，参加会议的是不同专业的技术人员。会议要求与会者尽可能多地提出设想，并且不要对别人的想法品头论足。一位工程师听到"坐飞机扫雪"的设想后，大脑受到冲击，立马提出"用直升机扇雪"的新设想。顿时又引起了其他与会者的联想，不到一小时，与会的 10 名技术人员共提出了 90 多条新设想。经过试验，发现用直升机扇雪真能奏效，一个久悬的难题，终于在头脑风暴中得到了巧妙的解决。

（资料来源：改编自陈光岳：《直升机扫雪，别说不可能》，载《经营与管理》，2006(6)。）

（二）头脑风暴法的要求

1. 组织形式

参加人数一般为 5～10 人（课堂教学也可以班为单位），最好由不同专业或不同岗位者组成。会议时间在 1 小时左右。

设主持人 1 名，主持人只主持会议，对设想不作评论。设记录员 1～2 人，要求认真将与会者的每一个设想不论好坏都完整地记录下来。

2. 会前准备工作

会议要明确主题。会议主题须提前通报给与会人员，让与会者有一定准备。

选好主持人。主持人要熟悉并掌握该技法的要点和操作要素，摸清主题现状和发展趋势。

参与者要有一定的训练基础，懂得该会议提倡的原则和方法。

会前可进行柔化训练，即对缺乏创新锻炼者进行打破常规思考，转变思维角度的训练活动，以减少思维惯性，从单调、紧张的工作环境中解放出来，以饱满的创造热情投入激励设想活动。

3. 会议原则

为使与会者畅所欲言，互相启发和激励，达到较高效率，必须严格遵守下列原则。

(1)禁止批评和评论，也不要自谦。对别人提出的任何想法都不能批判、不得阻拦。即使自己认为是幼稚的、错误的，甚至是荒诞离奇的设想，亦不得予以驳斥；同时也不允许自我批判，在心理上调动每一个与会者的积极性，彻底防止出现一些扼杀性语句和自我扼杀语句。

(2)目标集中，追求设想数量，越多越好。在智力激励法实施会上，鼓励大家提设想，越多越好。会议以谋取设想的数量为目标。

(3)鼓励巧妙地利用和改善他人的设想。这是激励的关键所在。每个与会者都要从他人的设想中激励自己，从中得到启示，或补充他人的设想，或将他人的若干设想综合起来提出新的设想。

（4）与会人员一律平等，各种设想全部记录下来。与会人员，不论是该方面的专家、员工，还是其他领域的学者，甚至该领域的外行，一律平等；各种设想，不论大小，哪怕是最荒诞的设想，记录人员也要认真地将其完整地记录下来。

（5）主张独立思考，不允许私下交谈，以免干扰别人思维。

（6）提倡自由发言，畅所欲言，任意思考。会议提倡自由奔放、随便思考、任意想象、尽量发挥，主意越新、越怪越好，因为它能启发人推导出好的观念。

（7）不强调个人的成绩，应以小组的整体利益为重，注意和理解别人的贡献，人人创造民主环境，不以多数人的意见阻碍个人新的观点的产生，激发个人追求更多更好的主意。

4. 会议实施步骤

会前准备：抓好参与人、主持人和课题任务，必要时可进行柔性训练。

设想开发：由主持人公布会议主题并介绍与主题相关的参考情况；突破思维惯性，大胆进行联想；主持人控制好时间，力争在有限的时间内获得尽可能多的创意性设想。

设想的分类与整理：一般分为实用型和幻想型两类。前者是指目前技术工艺可以实现的设想，后者是指目前的技术工艺还不能完成的设想。

完善实用型设想：对实用型设想，再用头脑风暴法去进行论证、进行二次开发，进一步扩大设想的实现范围。

幻想型设想再开发：对幻想型设想，再用头脑风暴法进行开发，通过进一步的开发，就有可能将创意的萌芽转化为成熟的实用型设想。这是头脑风暴法的一个关键步骤，也是该方法质量高低的明显标志。

5. 主持人技巧

主持人应懂得各种创造思维和技法，会前要向与会者重申会议应严守的原则和纪律，善于激发成员思考，使场面轻松活跃而又不失头脑风暴法的规则。

可轮流发言，每轮每人简明扼要地说清楚一个创意设想，避免形成辩论会和发言不均。

要掌握好时间，会议持续 1 小时左右，形成的设想应不少于 100 种。但最好的设想往往是会议要结束时提出的。因此，预定结束的时间到了可以根据情况再延长 5 分钟，这是人们容易提出好设想的时候。在 1 分钟时间里再没有新主意、新观点出现时，智力激励会议可宣布结束或告一段落。

笔记区

二、奥斯本检核表法

(一)奥斯本检核表法的概述

1964年，美国创造学家亚历克斯·奥斯本在《应用想象力》提出一种设问法，即检核表法，该方法后来被广泛用于各种组织的管理实践中。它又称为检查单法、对照表法，日本企业界称之为分项检查法。由于该方法通用性强，并且包含了多种创造技法，故有"创造技法之母"的美誉。

奥斯本检核表法，就是对现有的事物，通过一张一览表对需要解决的问题逐项进行核对、设问，从9个角度逐项进行检查核对，运用联想、类比、组合、分割、移花接木、异质同构、颠倒循序、大小转换、改型换代等思维方法，寻找解决问题的多种答案，从中引发创新设想的方法。

(二)奥斯本检核表法的核心和使用程序

奥斯本检核表法的核心是改进，通过变化来改进。

该方法使用程序包括三步：

第一步，对要解决的问题，从尽可能多的方面进行提问。

第二步，对所提问题逐一审核、思考，并回答，从而形成多个解决方向。

第三步，对每一个设想逐一分析检核，形成解决问题的综合方案。奥斯本检核表法所用的检查单或检查表，并没有固定的模式，而是需要使用者根据要解决的问题自己设计。

📖 拓展阅读

奥斯本检核表法训练

有不少企业，已将奥斯本检核表法应用于管理领域。例如，某汽车公司的训练内容是：

(1)为了提高工作效率，能否利用其他更适合的机械？

(2)现在使用的设备有无改进的余地？

(3)改变滑板、传送装置等搬运设备的位置或顺序，能否改善操作？

(4)为了同时进行各种操作，能否使用某些特殊的工具或夹具？

(5)改变操作顺序能否提高零部件的质量？

(6)不能用更便宜的材料代替目前的材料吗？

(7)改变一下材料的切削方法，能否更经济地利用材料？

(8)不能使操作更安全吗？

(9)不能除掉无用的形式吗？

(10)现在的操作不能更简化吗？

(三)奥斯本检核表法的案例分析

案例1：运用奥斯本检核表对钢笔、圆珠笔进行改进

笔记区

例如，对于现有的钢笔、圆珠笔，全面地运用奥斯本检核表的9个检核方面，即可得出一系列的深入发明思路。

配合某种温度变色墨水可以构成测温笔来估测某些情况下的物体表面温度；以微型激光器与笔杆结合可以构成在木材、塑料或金属表面烧蚀图案的雕刻工具。

在圆珠笔笔芯顶部充入微量压力氮气，便可构成在没有地心引力的宇宙空间里任意角度书写的"宇宙笔"。

改变墨水的香味，便可构成各式香味笔。

改变音响则可以创造拔开笔帽便自动奏乐的音乐笔。

改变形状则可以创造各种玩具笔、工艺笔。

使用油溶性墨水来扩大用途，则构成可在任意油污表面书写出的记号笔。

缩小体积可以演变为儿童笔。

用半硬质的微孔泡沫尖代用金属笔尖便是泡沫尖墨水笔。

从颠倒应用的角度来思考则可推出各种消色笔与字迹定期褪色笔。

从组合应用的角度则可开发出照相笔、收音笔、计时笔等。

案例2：运用奥斯本检核表对玻璃杯进行改进(见表2-1)

表2-1　对玻璃杯进行改进

序号	核检项目	发散性设想	初选方案
1	能否他用	作灯罩、可食用、当量具作装饰、拔火罐、作圆规	装饰品
2	能否借用	自热杯、磁疗杯、保温杯、电热杯、音乐杯、防爆杯	自热磁疗杯
3	能否改变	塔形杯、动物杯、防溢杯、自洁杯、密码杯、幻影杯	自洁幻影杯
4	能否扩大	不倒杯、防碎杯、消防杯、过滤杯、多层杯	多层杯
5	能否缩小	微型杯、超薄杯、可伸缩杯、扁形杯、勺形杯	伸缩杯
6	能否代用	纸杯、一次性杯、竹木制杯、可食质杯、塑料杯	可食质杯
7	能否调整	系列装饰杯、系列高脚杯、系列口杯、酒杯、咖啡杯	系列高脚杯

续表

序号	核检项目	发散性设想	初选方案
8	能否颠倒	透明不透明、彩色非彩色、雕花非雕花、有嘴无嘴	不透明雕花杯
9	能否组合	与温度计组合、与香料组合、与中草药组合、与加热器组合	与中草药组合

三、组合创造法

(一)组合创造法的概述

组合创造法又称理想组合，是指将多种因素通过建立某种关系组合在一起从而形成组合优势的方法。这是现代生产经营活动中常用的方法。例如，计算机辅助设计系统是把工程绘图技术、几何造型技术及仿真技术组合在一起的结果。

(二)组合创造法的特点

其特点是把似乎不相关的事物有机地合为一体，并产生新奇的事物。组合是想象的本质特征。与类比相比，组合没有停留在相似点的类比上，而是更进一步把二者组合起来，因此方法层次更高，它也是以联想为基础的。

(三)组合创造法的分类

1. 组合创造法通常的分类

组合创造法通常可分为：非切割的组合、切割后的组合和飞跃性的组合。

(1)非切割的组合——将现有的事物照搬于新的目的；

(2)切割后的组合——将现有的事物中的某些要素(功能)用于新的目的；

(3)飞跃性的组合——综合大量的要素(功能)创造出与现有事物有本质区别的新事物。

2. 组合的类型

组合的具体类型有很多，大致上可分为五种主要类型。

(1)主体附加法

以某事物为主体，再添加另一附属事物，以实现组合创造的技法称为主体附加法。

主体附加法的特点如下。

①主次分明，主体可以是任何事物；

②功能或性能的扩大；

③克服主体的缺点，改进、完善和充实。

主体附加是一种创造性较弱的组合，人们只要稍加动脑和动手就能实现，但只要附加物选择得当，同样可以产生巨大的效益。

（2）异类组合法

将两种或两种以上不同种类的事物组合，产生新事物的技法称为异类组合法。

异类组合法的特点如下。

①组合对象（设想和物品）来自不同的方面，一般无明显的主次关系；

②组合过程中，参与组合的对象从意义、原理构造、成分、功能等方面可以互补和相互渗透，产生"1＋1＞2"的价值，整体变化显著；

③异类组合是异类求同，因此创造性较强。

（3）同物自组法

任何事物都可以进行同类组合，其关键是选择哪些事物进行组合能产生新的价值。我们可以从以下三方面考虑。

①在我们周围，哪些事物是处于单独状态使用的，这需要观察；

②原来单独使用的事物组合后能否产生新的意义和新的需求，这需要思考；

③组合能否实现，怎样实现，这需要想象。

🎧 创新故事

同物组合法

日本科学家北野宏明领导的一个科研小组利用同物组合法把 33 台个人电脑连接起来，使用美国阿尔贡国家实验室开发的并行计算用的操作系统，构成运算能力可与超级计算机相匹敌的廉价超级并行计算机，其运算速度可达 68 亿次每秒。

（资料来源：改编自龚翔：《33 台 PC 构成的超级计算机》，载《航空计算技术》，2000(2)。）

（4）重组组合法

有目的地改变事物内部结构要素的次序，并按照新的方式进行重新组合，以促使事物的功能和性能发生变革。

重组组合法的特点如下。

①组合是在一件事物上进行；

②组合过程中一般不增加新东西；

③重组主要是改变事物各组成要素之间的相互关系。

笔记区

笔记区

（5）信息交合法

以信息交合论为基础，在掌握一定信息的基础上，利用已有的和引进的信息进行交合或联系，从而获得新信息，实现创造的一种创造方法，由我国创造学会许国泰创造。公理1：不同信息的交合可以产生新的信息。公理2：不同联系的交合可以产生新的联系。

四、分析列举法

（一）分析列举法的特点

列举法是通过列举有关项目来促进全面考虑问题，防止遗漏，从而形成多种构想方案的方法。几种列举法各有千秋，但也有部分共同的特点。

1. 强制性的分析

列举法本质上是一种分析方法。分析就是把整体分解为部分，把复杂的事物分解为简单要素，分别加以研究的一种思维方法。客观事物的整体功能是由相互联结的各个部分有机构成的。有时为了改变它的整体功能，需要从部分着手去考虑问题，把被考察的部分与其他部分暂时割裂开，从整体中抽出来，这就是分析方法的基本特点。和一般分析方法不同的是，列举法带有一种强制性，必须分析罗列所有的因素。

日常使用分析方法时，一般只抓住主要方面或特殊点，忽略了一些次要因素或普通点，以为后者于问题的作用不大，因而可能抛弃了某些重要的线索或途径。为此，特性列举法突出了思维中的强制性方面，制订规则，要求将事物各个特性所包含的每一个子因素全部列举出来，然后逐个分析，以促使人们全面考虑问题。

2. 一览表式的展开

人们常用一览表帮助记忆、安排工作。为了寻找有创新的设想，借助列举的方式将问题展开，以一览表的形式帮助思考。每个列举法都是一览表，是带有比较性的一览表，从中可以发现问题、明确目标、解决矛盾。特性列举法使用的是特性一览表，通过对事物特性的逐步分析，潜藏的创新可能性就会显现出来。缺点列举法使用的是缺点一览表，分析缺点，找出改进的方法。希望点列举法是使用希望点一览表，对此判断，发现最可能的希望实现性，并设法实施。成对列举法使用的是物质组合一览表，促使突破传统的新奇设想大量涌现，有力地促进新产品的开发。

（二）分析列举法的作用与局限

分析列举法有助于克服心理障碍，改善思维方式，在创造发明活动中有实际的作用。

1. 有助于克服感知觉不敏锐的障碍，把思维从僵化、麻木的状态下解放出来

感知觉不敏锐，是因为感觉处于饱和状态。人们在初次接触某事物时，会有新鲜感或不习惯，容易发现问题，但"少见多怪、见多不怪"，时间长了，便也熟视无睹、习以为常了。感知觉处于饱和状态，有用的信息就输不进去了。古希腊哲学家柏拉图写道："经验使人失去的东西往往超过给人带来的东西。"有人想创造，但又无从下手，这便是习惯的惰性在阻碍创新思维。列举法的首要贡献就是利于克服这些障碍，以全面搜索、不断挑剔、大胆幻想的思路获得创造发明的目标。

2. 促使人们全面感知事物，防止遗漏

每个人的思维方式是不尽相同的，其感知方式也各具特色。在认识事物时，有人注重视觉，有人则擅用听觉、触觉、味觉、嗅觉；有人惯用左脑，有人则偏爱右脑。由此造成的结果是：或者只注意外形，不注意色彩；或者只迷信于广告介绍，不重视实际的适用性。因而，一旦要求对某种产品作改进时，头脑中便无法调动出全面的信息，也就局限了对问题的分析。借助于列举法，可深入到事物的方方面面。在应用特性列举法时，就要求将事物的所有属性全部列出，不许遗漏，这样就必然利于全面分析，产生较多的设想。

3. 有利于克服感情障碍

"与其产生新观念，莫如善于判断。"是指在判断一个问题有几种答案时，从中选择一种答案的方法。判断对于解决问题是必要的，但一般人的通病是善于作判断而不善于产生新观念，这对创造力是个克星。与智力激励法的大胆设想、推迟判断原则相类似，列举法首先强调的是尽量全面地列举，避免过早地下评语和结论。

4. 分析列举法是改进老产品开发新产品的非常实用的方法

列举法易于掌握、应用范围广，人们常用特性列举法和缺点列举法进行老产品的改进，用希望点列举法和成对列举法开发新产品。列举法对于创造的有效性不只是由于使用了分析列举，还因为运用了组合、替代、综合等方式。成功地使用列举法，需要思维流畅、精确、灵活、独特。特性列举法主要提供改良产品从何入手的着眼点，希望点列举法则可把旧事物的缺点乃至整个旧事物看成是缺点，设想一种新颖的产品加以创造。

5. 适用性及局限性

一般来说，列举法因其分析问题要求全面、精细，甚至比较烦琐，所以比较适用于小的、简单的问题。同时，此法不能最终解决问题，它基本上只是一个提供思路的方法，进一步的实施还需要借助其他技法与手段才行。

笔记区

模块二　提升创新能力

名人语录

创新是引领发展的第一动力，科技是战胜困难的有力武器。
　　　　　　　　　　　　　　　　　　——习近平

没有创新，要在高科技行业中生存下去几乎是不可能的。在这个领域，没有喘息的机会，哪怕只落后一点点，就意味着逐渐死亡。　　——任正非

提升创新能力

学习目标

(1)了解创新能力的含义。
(2)掌握创新能力提升的方向和方法。

案例导入

海尔成功的秘诀

海尔集团始终坚持以技术创新作为发展的手段和依托，在十几年的发展过程中，从引进技术到整合国内外资源、自主创新，坚持"技术创新课题来自市场难题"和"设计高质量、高附加值"的研发理念，通过技术创新使集团在国内市场和国际市场上取得长期的成功，营业额平均增长率达到78％，在家电及其相关领域保持领先地位。

(资料来源：改编自王本志：《退后一步自然宽 设想王国谱华章：假设论证法指导》，载《小作家选刊(作文素材库)》，2011(12)。)

想一想：

你觉得对于一个企业来讲，最重要的是什么？

知识学习

一、创新能力概述

创新能力是指人类所特有的，在技术和各种实践活动领域中不断提供具有经济价值、社会价值、生态价值的新思想、新理论、新方法和新发明的能力。创新能力是经济竞争的核心。当今社会的竞争，与其说是

人才的竞争，不如说是人的创造力的竞争。

创新能力是对人类各种能力中的一种能力的诠释或代称，如果将人类的各种能力进行分级，那么创新能力的级别应该是最高的。创新能力，由创新和能力两个名词共同构成，创新能力，按更习惯的说法，也称为创新力。创新能力按主体分，经常提及的有国家创新能力、区域创新能力、企业创新能力等，并且存在多个衡量创新能力的创新指数的排名。

美国经济学家熊彼特认为：创新就是"建立一种新的生产函数"，即把一种从来没有过的关于生产要素和生产条件的新组合引入生产体系。有国内学者认为：创新是指以现有的思维模式提出有别于常规或常人思路的见解为导向，利用现有的知识和物质条件，在特定的环境中，本着理想化需要或为满足社会需求，而改进或创造新的事物，并能获得一定有益效果的行为。

如果这个世界没有创新，便不会有今日人类的文明；如果爱因斯坦、爱迪生等人没有创新能力，他们何以取得巨大的成就与收获；如果一个人不具备创新能力，很难成为英才；如果一个民族没有了创新人才，那么何谈文明发展和技术进步？

📖 拓展阅读

钓鱼钓出食品冷冻法

处处留心自己身边的机会，锲而不舍地加以探究，便会开发出新的财富。

1940年，美国皮革商巴察在出售了自己的食品冷冻法专利后得到了几万美元。这笔财富的获得完全得益于他的钓鱼爱好。

巴察经常去纽芬兰海岸，在结了冰的海上凿洞钓鱼。从海水中钓起的鱼放在冰上立即被冻得硬邦邦的。当几天后食用这些冻鱼时，巴察发现只要鱼身上的冰不溶化，鱼的味道就不会变。根据这一发现，巴察着手试验将肉和蔬菜冰冻起来。

他高兴地发现，只要把肉和蔬菜冻得像那些鱼一样，就能保持新鲜。经过反复试验，他进一步发现：冰冻的速度和方法不同，会影响食品冰冻后的味道和保鲜程度。经过几个月废寝忘食的摸索，巴察为他发明的食物冰冻法申请了专利。

由于这是一种具有极大潜力和应用范围的新技术，所以找上门来的人很多。巴察待价而沽，最终，通用食品公司以几万美元的价格把这项专利拿到了手。

（资料来源：改编自《钓鱼钓出食品冷冻法》，载《党课》，2012(22)。）

笔记区

笔记区

二、培养创新能力的意义

21世纪是知识经济时代，它的到来使我国高等教育面临着前所未有的机遇和挑战。知识经济是主要依靠知识创新和知识广泛传播发展的，是以智力资源来创造财富的经济。创新是它的灵魂，而创新的关键在于人才。

无论是知识创新还是技术创新，无论是经济竞争还是科技竞争，归根到底还是要靠大量高素质的创新型人才，培养具有创新素质的人才是时代的迫切需要，也是一个国家富强及在国际竞争中立于不败之地的重要因素。人才来源于教育，高等学校是培养高素质创新型人才的摇篮。

随着社会经济的发展，原有的教育观念、教育体制、教育结构和人才培养模式已不能适应提高学生综合素质、培养创新型人才、发展个性特长的需要。

因此，应把传授知识、培养能力、提高素质、发展个性特长作为一个有机整体去考虑，把协调发展上升为一种现代教育观念。培养高素质的创新型人才是教育的深刻变革，是一项关系全局的系统工程，必须在人才成长的各个阶段始终贯彻素质教育，着眼于培养其创新素质。

📖 **拓展阅读**

猴子实验——群体惯性

有科学家曾做过一个实验：将4只猴子关在一个密闭的房间里，每天喂很少的食物，让猴子饿得吱吱叫。数天后，当实验者在房间上面的小洞放下一串香蕉时，一只饿得头昏眼花的大猴子一个箭步冲向前，可是它还没拿到香蕉就被预设机关所泼出的热水烫得全身是伤，当后面三只猴子依次爬上去拿香蕉时，一样被热水烫伤。于是猴子们只好望"蕉"兴叹。

又过了几天，实验者换了一只新猴子进入房内，当新猴子肚子饿得也想尝试爬上去吃香蕉时，立刻被其他3只猴子制止，并告知有危险，千万不可尝试。实验者再换一只猴子进入，当这只猴子想吃香蕉时，有趣的事情发生了，这次不但剩下的两只老猴制止它，连没被烫过的半新猴子也极力阻止它。

实验继续，当所有的猴子都已换过之后，仍没有一只猴子敢去碰香蕉。上头的热水机关虽然取消了，而热水浇注的"组织惯性"仍束缚着进入笼子的每一只猴子，使它们对唾手可得的盘中美餐——香蕉，奉若神明，谁也不敢前去享用。

这就是群体惯性形成的过程。在变化莫测的市场环境中，企业要想赢得竞争优势，就必须学会随着时代的发展变化而迅速调整，否则只能像故事中的猴子那样，因昨天的教训平白无故失掉明天的机会。

然而，一些把成功归因于富有竞争力的经营管理模式的企业，面对一切以变化为主题的现实，仍高高在上，丝毫不怀疑让自己成功的经营管理模式的价值和适用性，不思更新，固执地运行在"成功经验"的轨道上。结果，由于一成不变，企业昔日的辉煌渐渐蜕变为组织惯性，成为企业生存道路上的羁绊。

（资料来源：改编自《猴子实验》，载《国企管理》，2017(1)。）

📖 拓展阅读

德国企业长盛不衰的根源——持续的技术创新

德国第二大电商奥托公司的首席执行官毕尔肯说："如果只会复制和粘贴，企业永远不会成功。"德国产品的主要卖点是技术创新及其提供的价值，而不是低价。

德国工业相关创新研发的费用占国民收入的比重是美国的 20 倍；德国企业的研发投入占其国内生产总值的比重始终保持在 3% 左右，高于欧盟的平均值 1.97%。在发达国家中，这一比例仅次于日本。平均起来算的话，德国企业将总营业额的 4.5% 投入研发，德国企业的总营业额中又有 12.4% 是新的研发成果为企业带来的收益，而在德国制造业营业额中，这一比例更高，达到了 27%。可见，德国企业的研发投入和收益形成了一个良性循环。

德国企业普遍坚信，竞争对手是在不断进步的，竞争不只是"大鱼吃小鱼"，也是"快鱼吃慢鱼"。因此，创新能力是企业在市场竞争中生存和成功的关键因素，不进则退。即便是在比较困难的时期，企业也应持续在创新和研发方面进行人力和财力的投入。

面对科技飞速发展带来的市场环境的剧烈变化，企业不仅要提高其传统产品的应变能力，也要考虑在产品创新方面提高应变能力，加速新产品的研发和市场转化，使企业能随时做好转型准备。大部分德国公司都有一个持续改进流程，并设立专项奖金。宝马公司通过名为"I-motion"的金点子计划来持续改进公司绩效。蔡司一度是收集员工建议最多的德国公司，员工平均每年提出的建议超过 5 000 条。

在当今世界，产品越来越高的复杂程度和对高效创新的严格要求，使很多德国企业一方面注重发展自己的核心技术，另一方面以开放的姿态与合作伙伴进行互补合作。企业外部的创新推动力主要是客户、供应

笔记区

笔记区

商和其他合作伙伴，当然也包括竞争对手。

与合作伙伴共同创新，不仅可以弥补企业自身在资金、技术、人才和经验积累等方面的欠缺，还可以共同承担创新或市场推广失败等方面的风险。不少德国企业进行持续创新的秘诀之一就是与客户和其他合作伙伴进行共同的研发和创新，当然，这要以合作伙伴之间的高度信任为前提。

德国企业的创新行为受到德国的诸多法律保护，如《专利法》《实用新型保护法》《著作权法》《外观设计保护法》《德国商标法》等。有了法律的保护，创新者可以获得一段垄断市场的时间，他们可以利用自己的新产品获取较高的利润回报，也可以通过许可证赚取额外利润。

他们普遍有着很强的自我保护意识，会竭尽所能来保证核心技术和专利掌握在自己手里，哪怕因此一时得罪客户或者丢掉大额订单也在所不惜。一个比较简单的例子就是，德国企业普遍禁止参观者在企业的生产线上拍摄任何照片或视频，就算是最大、最重要的客户提出这种要求也不会通融。

（资料来源：改编自赵振勇：《创新与管理4.0：德国企业经营及实体经济成功之路》，北京，人民邮电出版社，2019。）

三、大学生创新能力现状

大学生的年龄一般在20岁左右，正处于思维创造活动发展的重要阶段。然而，我国大学生的创新能力仍与时代发展要求存在较大差距，具体体现以下四方面。

(一)好奇心强，但创新意识贫乏

一方面，大学生对知识、经验的积累和掌握非常快捷，已不满足于现成的结论，具有强烈的好奇心，并对事物因果关系的规律性探索越来越感兴趣，独立思考、独立判断的能力开始逐步地发展。另一方面，大学生往往只是在单纯的好奇上停滞不前，不愿意或者不敢于标新立异，提出新观点、新方法，为解决新问题和创造新事物而努力。

(二)思维敏捷，但缺少创新思维方法

大学生随着知识和经验的不断积累，想象力逐渐丰富起来，思维能力尤其是逻辑思维能力有了很大程度的发展，思维也较敏捷。但由于知识面窄，学科知识之间缺乏合理的整合，思维方式往往是单一的和直线式的，致使大学生思考问题时缺乏灵活性和全面性。

(三)具有一定的创新想法，但缺乏创新技能

一方面，大学生对创新已有一定的认识，希望在学习中产生新思想与新理论，积极寻找新的学习方法。另一方面，许多大学生经过长期的脑力劳动在大脑皮层留下一些暂时的神经联系，在特定因素的诱发和引领下会产生灵感。但由于学生缺少创新的技能，虽然产生了灵感，但缺少横向联系，最终是昙花一现。创新技能的缺乏限制了大学生创新能力的进一步发展。

（四）有创新的热情，但创新精神不佳

一方面，大学生通过自主的学习和教师的引导，有了一定的创新热情。但由于缺乏广泛的沟通和对社会的全面了解，导致了创新目标不够明确。另一方面，大学生也缺乏创新的毅力。

📖 拓展阅读

磁疗表带的问世

日本东京都中野区，住着一个穷困潦倒的知识分子——田中正一，他没有职业，一文不名，却整天关着门在家里研制一种"铁酸盐磁铁"，被邻居看成"怪人"。当时他患上了"神经痛"的毛病，怎么治也治不好。

那时候，每逢星期四他都要带着许多制好的磁石，到大井都工业试验所去测试。时间一长，一个偶然的现象出现了：每逢星期四他的神经痛就得到缓解。田中正一是一个探究心很强的人，他感到十分好奇，于是就找来一条橡皮膏，在上面均匀地黏上五粒小磁石贴在自己手腕上做试验。

很快，他发现这东西对治神经痛很灵，就立即申请了专利。田中正一认为："将磁石的南极、北极相互交错排列，让磁力线作用于人体，由于人体内有纵横交错的血管，血液流过磁场时，便能感生出微电流，这种电流能达到治病强身的效果。"取得专利权后，田中正一模仿表带的式样，制造四周镶有六粒小磁石的磁疗带，向市场推出。

产品上市后，果然不同凡响，在全日本出现了人人争购、趋之若鹜的现象。工厂三班制生产也供不应求。在销售最好的时期，仅一周销售额就达两亿日元。就这样，转眼之间，一个穷汉就变成了大富翁！

（资料来源：改编自《磁疗表带的问世》，载《党课》，2012(22)。）

四、创新能力的培养和提高

创新能力源于深层的自我，人的一切快乐、热情、潜能，是产生创新型思想、灵感的源泉。

（一）观察能力培养

观察是人们有效地探究世界、认识事物的一种极为重要的解决问题、进行科学研究的方法。在心理学中，观察属于感知的范畴，是指有

笔记区

笔记区

目的、有计划地对客观事物进行主动的感受和知觉。观察能力就是人们在这种知觉过程中表现出的获得信息资料的能力。

知识来源于观察。从日常生活、学习、工作到各行各业的实践活动中的科学研究等，人们大多是以观察为基础来获得对客观事物的认识。世界上许多科学的发明与创造，很大程度上取决于科学家对客观事物一系列的敏锐、细致、准确、深刻的观察。可见，观察是获得知识的首要步骤，也是创造发明的必要条件。

要培养良好观察能力须做到以下几方面：

第一，明确观察的目的和任务是提高观察能力的前提。要提高观察力，必须首先明确观察的目的和任务。在大千世界中，很多信息都在向我们袭来，要观察的对象很多，如果没有明确的观察目的，我们就会东张西望、左顾右盼，不知所做何为。

🎧 创新故事

生活与创新

从前，在电灯还没有发明出来的时候，欧洲煤矿因为明火经常发生瓦斯事故。为了防止灾难频繁发生，他们高薪聘请科学家研究不会引燃瓦斯的工作灯。迪比是被请来从事该项研究的科学家之一。一天，他在实验室时肚子饿了，就用酒精灯烤馅饼吃。烤完馅饼，把铁丝网放在火上准备做实验时，他注意到火虽然燃烧着，但火焰却伸不出铁丝网。

迪比心想："一定是铁丝网把火的热量散开了。"他做了一个铁丝网灯罩，然后将铁丝灯罩罩在酒精灯上，小心翼翼地将灯放入低浓度煤气中。结果过了很久，虽然酒精灯一直燃烧着，却没有引燃煤气。最终发明了煤矿工使用的安全灯。

（资料来源：改编自《关于创新的小故事》，http://www.360doc.com/content/19/0918/11/33036820_861742745.shtml，2019-09-18。）

第二，做好必要的知识准备是提高观察能力的基础。为了进行有效观察，必须事前做好有关知识的准备。了解了相关的知识，在观察时，才能产生兴趣和丰富的想象，才有可能独立地进行观察，增强观察的效果。一个人的观察能力，总是同他已有的知识和经验相联系的。如果一个人对某个领域或某个对象一无所知，那么他对该领域该对象的观察就无法进行。即使勉强进行观察，结果也可能是"视而不见，听而不闻"，或者只是看看热闹而已。

第三，制订周密的观察计划是提高观察能力的保证。在确定了观察目的，有了明确的观察任务之后，还必须拟订出周密的观察计划去完成这个任务。这样做能预见被观察现象的各个方面，避免观察的盲目性。

周密的观察计划，应包括观察时间的安排、观察顺序的设计等，先观察什么、后观察什么、如何观察等，一切都要有计划、有步骤地进行。

第四，增强对观察对象的兴趣是提高观察能力的条件。一个人如果对其观察的对象有浓厚的兴趣，则可能保持长期持久的观察。反之，如果一个人对其观察的对象不感兴趣，那就很可能会过早地表现出观察的疲劳，无法提高观察力。有些科学家之所以能有持久的观察力，很大程度上得益于他们的兴趣。因此，要提高学生的观察力，就必须培养他们对观察对象的浓厚兴趣。

第五，观察与思维紧密结合是提高观察能力的根本。观察是一种与思维密切联系着的"思维的知觉"。有些学生把观察理解为仅是简单的"看"，缺乏对看到的现象的深刻思考。其实，观察不仅仅是为了获取和积累一些直觉表象信息，更重要的是对所获取的大量感性材料进行分析、比较、综合、抽象、概括等，这样才能真正通过这些表面现象，认识事物的本质属性及其内在联系，使感性认识上升到理性认识。

第六，指导观察方法是提高观察能力的重要手段。要提高观察能力，必须掌握良好的观察方法，因为观察的方法、技巧等也是构成观察能力的重要因素。一个人如果掌握了系统的、辩证的观察方法，就可以对所观察的对象进行系统的、全方位的、多层次多结构的观察，系统地把握观察的对象。既然观察是一种感知，那么可以说观察的结果是人的感觉器官作用于被观察的事物时所做出的反应。

🎧 创新故事

电梯中的镜子

纽约的一栋摩天大厦因为楼层太高，电梯又来不及运送，让许多乘客等得不耐烦。他们乱按按钮，电梯的按钮经常损坏。

物业公司在电梯旁贴出告示，请乘客不要这样做，但是收效甚微。一位心理学家想出了个办法解决了这个问题。他的办法就是在电梯旁装一面镜子。

由于镜子会使客人清晰地看到自己猴急的模样，不得不改变自己的形象。那些平时举止粗鲁的人，只要站在镜子前就会变得更像绅士或淑女，耐心等待。

（资料来源：改编自《电梯中的镜子》，载《天水晚报》，2011-03-28(12)。）

（二）记忆能力的培养

记忆是一个复杂的心理过程，它主要包括识记、保持、再认与回忆几个基本环节。简而言之，记忆是先记后忆的过程。识记是在大脑中留下神经联系的过程；保持是暂时神经联系巩固的过程；再认与回忆是暂

笔记区

笔记区

时神经联系恢复的过程。记忆的这几个基本环节是相互联系、相互制约的。没有识记就谈不上对知识经验的保持；没有识记和保持，就不可能对经历过的事物进行再认和回忆。因此，识记和保持是再认和回忆的前提和保证，再认和回忆是识记和保持的结果和证明。

要培养良好的记忆力，需做到以下几方面。

第一，明确记忆的目的，提高有意识的记忆能力。要提高记忆力，首先必须明确记忆的目的。生活实践和心理学领域相关的实验表明，在其他条件完全相同的情况下，记忆的目的越明确，记忆的效果越好。很多人的办公室或宿舍都在楼上，他们虽然天天上下楼，当有人问他们楼梯有几级台阶时，很少有人能正确回答出来。这并不是因为他们的记忆力不好，而是因为他们没有记住楼梯级数的意识。如果给他们提出记忆台阶级数的任务，那他们很快就可以记住。

第二，培养浓厚的兴趣，增强记忆力。兴趣是增强记忆的促进剂。无论是谁，对于自己特别感兴趣的信息和对象，普遍都能显示出惊人的记忆。一个人对他感兴趣的信息和对象会产生高度集中的注意力与观察力，从而记得快、记得久、记得准。正如孔子所说："知之者不如好之者，好之者不如乐之者。"

第三，掌握科学的观察方法是增强记忆的有效措施。记忆开始于观察，即有意识、有计划、有目的的感知，所以要提高记忆力，就必须进行仔细的观察。观察越仔细，感知越深刻、全面，记忆起来就越准确。观察越仔细，理解越深刻，记得就比较牢固，会增强记忆的持久性。细致的观察还能增强记忆的速度。

第四，激发思维，揭示规律，加深理解，提高记忆力。从生理上讲，理解事物的本质后，反映到大脑就富有条理性，容易和大脑中已有的经验结成信息链，有助于记忆痕迹的巩固。经过理解记忆的事物，即使一时遗忘，还可以通过推导回忆出来。可见，思维活动是抽象记忆的基础，要提高记忆力，必须进行积极的思维活动。

第五，运用联想规律，增强记忆力。一个人如果不会联想，那么学一点知识就仅是那一点知识，如果他善于联想，举一反三，就能触类旁通。因此，在记忆的过程中，联想起着重要的作用，因为被记忆的事物处于一定的关系与联系中。记忆与联想的关系极为密切，记忆是联想的基础，联想又是记忆的一种重要方法。

第六，指导训练记忆方法，提高记忆能力。上述几条记忆能力的培养，都是从某种记忆方法来展开论述的。为了强调记忆方法的训练，在此归纳出几种常用的记忆方法。

①理解法，要弄懂被记忆事物的意义、内涵和外延，弄清其来龙去脉。

②对比法，将一些形或意相似的事物进行比较，弄清它们的相同和差异、区别和联系，使每种事物的特征更突出。

③联想法，要记忆某种事物，要联想与其相似的事物，以便进行比较。联想的目的是比较。

④强化法，为了记忆某事物，反复地对其进行回顾、背诵，必要时书写强化。但最好要与理解、对比、联想相结合，尽量防止死记硬背。

⑤应用法，学是为了用，学了就要用。运用是记忆知识最好的方法，是一种综合记忆方法，用的时候同时要涉及理解、对比、联想、强化等。用是提高记忆效果的有效措施，也是培养记忆能力的有效手段。

(三)决策能力的培养

毛泽东同志曾经指出："人民群众有无限的创造力。"世界著名科学家爱迪生有句名言："用集体智慧创造未来。"这充分说明了人民群众是创造的主体。实践也一再证明，凡是经过群众充分讨论而做出的决策，总是比较完善和稳妥的。

培养决策能力应注意以下几点。

(1)克服从众心理。从众心理是指个体对社会的认识和态度常常受到群体对社会的认识和态度的左右。从众行为者的意识深处考虑的是自己的行为能否为大众所接受，追寻的是一种安全感。决策能力强的人，往往能摆脱从众心理的束缚，做到思想解放、冲破世俗，不拘常规、大胆探索，因此他们能够独具慧眼，能够发现一般人不能发现的问题，捕捉到更多的成才机遇。

(2)增强自信心。拥有自信心是具有决策能力者明显的心理特征。增强自信心首先要有迎难而上的胆量。丘吉尔就说过："一个人绝对不可在遇到危险的威胁时，背过身去试图逃避。若是这样做，只会使危险加倍。但是如果立刻面对它，毫不退缩，危险便会减半。决不要逃避任何事物，决不!"其次，要变被动思维为积极思维。"凡事预则立，不预则废"，平时善动脑筋，关键时刻自然比其他人敢做决定。再次，要培养自己的责任感和义务感，跳出个人的小天地，如此建立的自信才能坚实可靠。最后，平时与人交往时应多与那些有自信心、敢作敢为的人交流，这样自己也会受到积极的影响。

(3)决策勿求十全十美，要注意把握大局。做事勿求十全十美，不想有任何挫折或失误，那只能作茧自缚。如能识大体，把握大局，权衡出利弊得失，当机立断，便有机会达到自己理想的目标。

(四)创新品质的培养

1. 创新品质的含义

创新品质是一种主动地、独立地发现新问题、提出新见解，具有创见的思维。所以在教学中培养大学生的创新思维是大学生进行创新活动的核心内容，是使大学生善于创新的重要保证。

2. 创新品质的培养途径

(1)发展求异思维，开发创新潜能。美国心理学家吉尔福特说过：

笔记区

"创造性再也不必假设为仅局限于少数天才，它潜在地分布在整个人口中间。"这就是说，每个人都有创新潜能。教师要善于引导学生从不同的方面归纳，启发学生多角度地分析解答问题，发展学生求异思维，有效促进学生思维的灵性。

（2）诱导观察，鼓励创新想象。想象力是学生探索和创新的基础，是创新的翅膀。一个人如果没有想象力的帮助，会很难进行创造性的劳动。爱因斯坦说过："想象力比知识重要，因为知识是有限的，而想象力概括着世界上的一切。"因此要鼓励学生敢于想象，这是培养创新思维很重要的一个方面。

拓展训练

1. 小组自建话题进行讨论，基础员工的积极性和主动性的发挥受到限制，不少员工应付工作已经成为"常态"，如何破解？

2. 以小组为单位，谈谈自己对创新能力的认识。

第三章 创业与人生

开篇故事

"捣蛋小皇帝"李开复的创业故事

说起李开复，可能你会想到，他是 11 岁的数学天才。而这位天才，走的每一步都不平凡，他是奥巴马的大学同学，拥有 5 000 万粉丝的微博大 V，33 岁的苹果副总裁，谷歌中国的创始人，作为在美华人，用实力证明自己。他有着太多传奇的经历，为了他，两家最大的 IT 公司对簿公堂。而他的每一次人生选择，都是一次成功的自我超越。

通过学习和实践，来学习商业运行的方式

1977 年，李开复第一次参与了美国 Junior Achievement（JA）组织的"高中学生创业尝试"课程。学生将在商业志愿者的指导下创办一个学生公司，发售股票，召开股东会，竞选管理者，生产和销售产品，进行财务登记，开展评估，清算公司。

通过学习和实践来学习商业运行的方式，了解市场经济体系的结构和它所带来的效益。参加这个课程，将由学生担任员工并推选一个总裁，由总裁来设定公司名称、产品的推出，以及目标客户。当年，李开复被推选为主管市场的副总裁，负责销售。

李开复所创立的公司非常简单，就是从当地的建材市场买来钢材，然后让学生们利用周末的时间到工厂里来加工这些钢材，并把钢材切割成很小的一块块圆环，然后在圆环上刻上简单的雕花。这个小小的金属圆环，就是专门用来扣住餐布的环儿。在负责推广的过程中，李开复建议让学生家长来购买，虽然他们其实并不需要。最后，公司虽然有盈利，但是这些产品几乎是在内部消化了。

有了这次的切身参与，15 岁的李开复忽然意识到，真正好的产品，其实不是求人去买的，而是必须要有市场需求，真正好的产品是有人来拉住你的手，来恳求你，而我们的企业不但是劳动密集型企业，还要央求亲属给面子购买，显然不能算是一次成功的尝试。不过，这已经充分奠定了下一次成功的基础。

充满信心，再次迎接挑战

1978 年，火热的激情又开始在李开复心中燃烧，在联合碳化物公司

笔记区

的赞助之下，李开复决定第二次参与JA组织的"高中学生创业尝试"。而这一次，与众不同的是，李开复站出来竞选总裁。在李开复慷慨激昂的演讲中，他表示："自己的产品一定要有新的创意，而不是等着顾客，用恳求的目光看着他们以施舍的心情来购买，而是带着激动的眼神、惊喜的心情来购买我们的产品。"

在这样的煽动下，同学们一致把票投给了李开复，而李开复也第一次自豪地在公司的领导名单里写上了，总裁：Kai-FuLee。

1978年，橡树岭中学里的午餐时间被校方缩短。一些同学不断向校方反映情况未果，一时间，学校和学生处于对抗的焦灼状态。这时候，李开复突发奇想，何不利用这个机会创办一个公司？公司专门生产T恤，在T恤上写上标语，如"延长午饭时间"等，这样的T恤一定会受到同学们的追捧。想法一出，李开复和几个死党不谋而合。

除了李开复被推选为总裁外，负责市场的副总裁是麦克·艾森伯格，负责生产的副总裁是大卫·伊利亚斯，此外，还有负责人事的副总裁、秘书等。作为公司领导人，李开复首先面临资金链的问题。除了一个公司的赞助，李开复发起了100多个股东投资公司，然后找了橡树岭一家生产T恤的工厂来生产T恤。当时，李开复采取"直销"的方式销售T恤，但是销售进度确实比较慢。两个星期下来，公司只售出了几十件T恤。于是，在1978年的圣诞节以后，大胆采取了新的销售模式，寻找批发商和专卖店，销售量极大地提升。

在写财务报告的时候，李开复惊喜地发现每个股东得到64.90美元的回报，这个结果创造了李开复的公司成为该高中有史以来最高回报率的公司，并且该公司得到了1978年美国Junior Achievement的第一名，成了那一年的Company of the Year（年度最杰出公司）。

这次小小的成功带给李开复的不仅仅是金钱的收获，而且是一种"我可以成功的"信念。它让李开复得到了前所未有的、宝贵的成就感，有了对生活无所畏惧的冲动，让李开复大有去建立一番新天地的勇气。

（资料来源：改编自李开复：《我的第一次创业尝试——李开复高中时创办公司的经历》，载《经济导报》，2009-11-20。）

模块一　了解创业知识

名人语录

自主创新是企业的生命，是企业爬坡过坎、发展壮大的根本。

　　　　　　　　　　　　　　　　　　——习近平

了解创业知识

一个成功的创业者，三个因素：眼光、胸怀和实力。　　——马云

我们的生命只有一次，但我们如能正确地运用它，一次足矣。

——英国谚语

🏠 学习目标

（1）了解创业的基本知识。

（2）认识创业的过程。

（3）掌握创业前期创业者的心理准备。

🎞 案例导入

这份报纸只为你服务

英国有一个名叫丽贝卡的 23 岁女孩，她创办了英国首家个性化报社"你上报了"有限公司。在这份"私人报纸"上，刊登的不再是其他报纸上所登的那些肩负着社会道义的传统新闻，而是纯粹属于个人的消息。客户们不仅能把名字等个人信息刊登在报纸上，还能把个人的新闻故事、照片登在头版头条。除了有圣诞节、生日庆祝等普通主题，更多的是年轻人喜欢的搞怪内容。这种"比那些平民真人秀更能吸引年轻人，帮普通人轻松实现明星梦想"的方式受到了越来越多年轻人的青睐。目前，该公司每周能印刷出一万份客户们预订的报纸，月营业额达到了 45 000 英镑。

（资料来源：改编自《创业故事：这份报纸只为你服务》，载《今晨 6 点》，2018-01-16。）

想一想：

通过阅读上面的案例，你觉得丽贝卡这个想法的巧妙之处在哪里？

🏫 知识学习

创业是创业者对自己拥有的资源或通过努力对能够拥有的资源进行优化整合，从而创造出更大经济或社会价值的过程。创业是一种需要创业者组织经营管理、运用服务、技术、器物作业的思考、推理和判断的行为。

根据杰夫里·提蒙斯所著的创业教育领域的经典教科书《创业创造》的定义：创业是一种思考、品行素质，是具有杰出才干的行为方式，需要在方法上全盘考虑并拥有和谐的领导能力。这个概念包括以下几层含义。

笔记区

（1）创业是一个创造的过程，即创业者要付出努力和代价。

（2）创业的本质在于对机会的商业价值的发掘与利用，即要创造或认识到事物的一个商业用途。

（3）创业的潜在价值需要通过市场来体现，即市场是实现财富的渠道。

（4）创业以追求回报为目的，包括个人价值的满足与实现、知识与财富的积累等。

一、创业实质

创业是在资源不足的情况下把握机会的过程，创业所关注的是能否创造新的价值，而不在于是否设立新公司。我国台湾中山大学管理学院教授刘常勇先生认为：创业不仅包括精神层面的含义——代表一种以创新为基础的做事与思考方式，而且包括实质层面的含义——代表一种发掘机会，并组织资源建立新公司，进而提供市场新的价值。创业活动的本质体现在以下几方面。

（一）机会导向

一般的生产经营活动通常对资源利用考虑比较多，主要考虑自己能做什么。创业活动不同，其显著特点是机会导向。机会的最初状态是未精确定义的市场需求或未得到利用或未得到充分利用的资源和能力，机会意味着生存和发展的空间，意味着潜在的收益。

一般来说，创业活动的初始条件并不理想，创业者缺乏资源特别是物质资源，包括资金、人力、物力等，客观的事实迫使创业者思考在较少的资源条件下生存和发展的可能性。在市场经济环境中，决定企业生存与发展的关键力量是顾客，是市场。因此，创业者必须优先从市场、顾客需求中识别和发现创业机会，探寻生存和发展的空间。

（二）创造性地整合资源

创业的本质是资源整合，熊彼特所强调的"新的组合"本质上也是资源整合。创业活动强调在资源不足的情况下把握机会，这并不等同于不重视资源，相反，这样的定义恰恰是在提醒创业者必须创造性地整合资源。

（三）价值创造

创业活动的机会导向和顾客导向的实质是创造价值，学者们对创业活动的分类本身也是为了引导创业者关注价值创造。价值创造首先意味着要向顾客提供有价值的产品和服务，透过产品和服务使消费者的需求得到实质性的满足。

(四)超前行动

创业活动的机会导向特征决定了创业活动必须突出速度，并做到超前行动。机会都具有时效性，甚至可能转瞬即逝，持续存在的事件往往不是机会，至少是创业者无法在短期内把握的机会。例如，从人类认识癌症这种疾病开始，人们就知道提供治疗癌症的药品是一种巨大的商业机会，但能把握这种机会的创业者却很少。

📖 拓展阅读

创业成功需要创业者有什么心态

(1)野心心态：征服一切

创业者在纷繁复杂的社会中会遇到无数的困难与阻挠，一定要学会用自己强大的野心或征服力去震撼或统摄一切，突破重围与阻碍，这样创业者会更容易前行。这也是创业者创业、成功的前提基础。

(2)自信心态：百折不挠

创业者是企业的领航者，若其已对企业失去了信心，那么，非但自己痛苦，而且会直接影响员工或创业团队的情绪或激情，企业也将会面临崩溃。

(3)领袖心态：引领方向

创业者必须带领大家向着成功的方向坚定前行，成为众人心中的定海神针。

(4)空杯心态：从零开始

在创业前行的路上，创业者或许拥有许多其他方面的经验，但是创业者不能为其所困，必须得学会抛开束缚，打开禁锢思维的枷锁，勇敢地从零开始，那样创业者才能更快地成长。

(5)利他心态：企业价值

所谓利他，即将对方的利益放在第一位，先考虑对方的利益，再考虑自己的得失。"利他之心"不仅仅是一种人生豁达的境界，更是企业的竞争力源头。在企业经营中，只有做了对员工、客户有利的事情，才会得到同样的有利回报，经营起来才会得心应手。

二、创业类型

(一)按创业动机分

按创业动机分，创业可分为机会型创业与就业型创业。

1. 机会型创业

机会型创业是指创业的出发点并非谋生，而是为了抓住、利用市场

笔记区

机遇。它以市场机会为目标，能创造出新的需要或满足潜在的需求，因而会带动新的产业发展，而不是加剧市场竞争。发达国家的创业活动多以机会型创业为主。

2. 就业型创业

就业型创业是指创业者为了谋生而自觉或被迫地走上创业之路。这类创业是在现有的市场上寻找创业机会，并没有创造新需求，大多属于尾随型和模仿型，因而往往小富即安，极难做大做强。

(二)按创业起点分

按创业起点分，创业可分为创建新企业与企业内创业。

1. 创建新企业

创建新企业是指创业者个人或团队从无到有地创建出全新的企业组织。这个过程充满挑战和刺激，个人的想象力、创造力可得到最大程度的发挥，但风险和难度也很大，创业者往往缺乏足够的资源、经验和支持。

2. 企业内创业

企业内创业是指在现有企业内有目的的创新过程。企业流程再造本质上也是一种创业行为。企业内创业是动态的，正是通过二次创业、三次创业乃至连续不断地创业，企业的生命周期才能不断地在循环中延伸。

(三)按创业者的数量分

按创业者的数量分，创业可分为独立创业与合伙创业。

1. 独立创业

独立创业是指创业者独立创办自己的企业。其特点在于产权归创业者个人独有，企业由创业者自由掌控，决策迅速，但创业者要独自承担风险，创业资源整合比较困难，并且受个人才能的限制。

2. 合伙创业

合伙创业是指与他人共同创办企业。其优劣势正好与独立创业相反。

(四)按创业项目性质分

按创业项目性质分，创业可分为传统技能型创业、知识服务型创业和高新技术型创业。

1. 传统技能型创业

传统技能型创业是指使用传统技术、工艺的创业项目。这些独特的传统技能项目具有永恒的生命力，尤其是在酿酒、饮料、中药、工艺美术品、服装与食品加工、修理等与人们日常生活紧密相关的行业中，许多现代技术都无法与之竞争。

2. 知识服务型创业

知识服务型创业是指知识密集度高，带有前沿性、研究开发性质的新技术、新产品项目。例如,将航天等高新技术领域的成果实现产业化,形成新产品等。

3. 高新技术型创业

高新技术型创业是指为人们提供知识、信息的创业项目。当今社会,信息量越来越大,知识更新越来越快,各类知识性咨询服务机构将会不断细化和增加,如律师事务所、会计师事务所、管理咨询公司、广告公司等,这类项目投资少、见效快,竞争也日渐激烈。

(五)按创业方向或风险分

按创业方向或风险分,创业可分为依附型创业、尾随型创业、独创型创业和对抗型创业。

1. 依附型创业

依附型创业:一是依附于大企业或产业链而生存,为大企业提供配套服务,如专门为某个或某类企业生产零配件,或生产、印刷包装材料;二是使用特许经营权,如加盟。

2. 尾随型创业

尾随型创业即模仿他人创业,"学着别人做"。其特点:一是短期内只求能维持下去,随着学习的成熟,再逐步进入强者行列;二是在市场上拾遗补阙,不求独家承揽全部业务,只求在市场上分得一杯羹。

3. 独创型创业

独创型创业是指提供的产品或服务能够填补市场空白。独创型创业也可以是旧内容、新形式,如企业的产品销售实行送货上门服务,经营的产品并无变化,但在服务方式上有所变化,从而使自身更具竞争力。

4. 对抗型创业

对抗型创业是指进入其他企业已形成垄断地位的某个市场,与之对抗较量。这类创业风险最高,必须在知己知彼、科学决策的前提下,抓住市场机遇、乘势而上,把自己的优势发挥到极致。

(六)按创新内容分

按创新内容分,创业可分为基于产品创新的创业、基于营销模式创新的创业和基于组织管理体系创新的创业。

1. 基于产品创新的创业

基于产品创新的创业是指基于技术创新或工艺创新等产生了新的消费群体,从而导致创业行为的发生。例如,将原来的玻璃杯做成紫砂杯,甚至紫砂保温杯,可以使一批品茶爱好者买到中意的茶杯。

2. 基于营销模式创新的创业

基于营销模式创新的创业是指采取有别于其他厂商的市场营销模式,因而有可能给消费者带来更高的满足度。零售店的开架销售模式就是最典型的例子，从中进一步开发出的连锁超市，更是几乎形成了日用商品零售端的革命性变革，超大规模的购物中心（Shopping Mall）在一定程度上改变了人们的购物习惯。

创业故事

奈克斯特餐厅的运营模式

奈克斯特餐厅（Next Restaurant）是美国一家非常有创意的餐厅，由厨师 Grant Achatz 和 Nick Kokonas 创办，获得了芝加哥论坛报前所未有的十五份四星级评论，并赢得了詹姆斯比尔德奖，成为美国最佳新餐厅。Next Restaurant 独创了一种全新的消费模式，让顾客像看电影、看演唱会、看球赛一样，选好时间和人数后通过网上直接购买门票，然后在规定的时间可以直接进入餐厅。餐厅不会让客人点菜，而是会根据当天的菜单为客人上菜，餐厅上什么菜客人就吃什么菜。

（资料来源：改编自晓山：《执着追求，别出心裁》，载《游艇》，2011(3)。）

3. 基于组织管理体系创新的创业

基于组织管理体系创新的创业是指采取有别于其他厂商的企业组织管理体系，因而能够更高效地实现产品的商业化和产业化。例如，采用事业部制组织结构既保留了直线职能制组织结构的优点，又使得组织的管理和控制规模得到较大的扩展，在一定程度上抵消了"大企业病"对组织的危害。

三、创业要素

人才、技术、资本与市场是构成创业的四大核心要素，四者中又以人才最为重要。一个成功的创业家需要熟悉各种人才、市场、财务和法律，并通过取得人才，成功地经营所创立的事业。

（一）人才

人才在创业的过程中和今后的发展中都极为重要。

认识、发现并利用人才是创业者进行创业的关键环节。现代风险资本的奠基人乔治·多里奥认为："宁可考虑向有二流主意的一流人物投资，绝不向有一流主意的二流人物投资。"确实，不是一个拥有技术的科学家或工程师就能够创业成功。创业，不仅需要好的技术，更需要其他素质与能力。因此，创业者及合作伙伴们的素质与能力是创业成功的第一要素。

（二）技术

技术是将知识运用到实践中的手段、途径、工具或方法。

企业之所以存在，是因为社会的需要，社会需要的技术，并不完全等同于科学家眼中的科学技术。社会需要的技术既是建立在科学基础上的技术，又必须是能够满足社会实际需要的技术。因此，仅有技术水平上的高技术，并不一定能够创业成功。所以，应该以市场需要为选择技术的指南，比较适宜的选择是：在市场中已经显现出应用前景，但还没有应用，或是技术在市场上刚刚出现，即技术只需超前于市场半步。总之，技术应考虑是否有独特性、创新性，是否有竞争力，是否能带来高利润，他人效仿的难易程度等。

(三)资本

从创业的角度，创业资本是创业的关键要素。

一家企业咨询公司总结了近千家企业创业失败的原因后发现，创业资金的匮乏是重要的原因。正如人云：不是有钱就有了一切，但是，没有钱什么事也做不成。无论多么好的技术或多么好的创意，没有钱都只能是空想。

(四)市场

企业的存在是因为能够满足市场的需要。

如果没有市场需求，那么，新创的企业就没有生存的价值，自然也就不能生存。市场是要在创业之前明确认定并充分考证的，包括市场的容量、相同产品之间的竞争力、潜在的市场生长力和市场的持续发展力等。

创业故事

外婆的秘方

14岁的小孩在很多人看来，除了读书还能干什么？14岁的弗雷舍对外婆手工制作的果酱十分感兴趣，于是用了一个下午学会了外婆的"秘方"。之后，弗雷舍觉得果酱的口味应该更多元化一些，于是，他去超市选购了更多的水果，回家制成果酱。他调制的果酱，深受邻居的喜欢。更难得的是，这一行为受到了学校老师的鼓励，"果酱男孩"的果酱开始供不应求。

两年之后，英国一家大型连锁超市Waitrose正在寻找入驻超市的新产品。弗雷舍知道，要在众多的产品中脱颖而出，他需要找一个"卖点"。他调研发现市面上果酱的配方几十年以来都没有改变过，并且含有很多添加剂。"我当时决定打破传统，做一些没有任何添加剂的新派果酱。"在尝试了几十种配方之后，他终于打着"纯水果果酱"的招牌，信心满满地去超市推销了。

超市的食品主管肯定了"纯水果果酱"理念，但面对一个16岁的孩子做的没有商标、没有定价、无法保证持续供应的果酱，最终还是摇头了。

这时，弗雷舍才开始正视自己面对的问题。他首先找到当地的设计团队，设计了一系列自己喜欢的"超人"商标。然后，他从家乡出发，踏上了寻找合作工厂的旅程。再次回到那个超市食品主管的面前时，他仍是摇头。最终，几经修改，体现"纯水果"概念的商标终于通过审核，弗雷舍的 Super Jam 终于成功进入超市。

Super Jam 进入超市第一天就卖出了 1 500 罐。后来这款果酱又成功推向乐购超市、沃尔玛超市，现在在 8 个国家的 2 000 多个超市都有销售。如今年仅 20 岁的弗雷舍已经是一个百万富翁了。

（资料来源：改编自汤小小：《果酱男孩的成功秘诀》，载《启迪与智慧（少年版）（下）》，2016(10)。）

四、创业过程

创业过程是每一位创业者在创建企业时都必须经历的过程。创业者在创业过程中会遇到种突发情况，因此，需要创业者时刻保持冷静，及时调整自己的心态，采取合理的解决方式应对相应的问题。

（一）产生创业动机

创业动机是创业的原动力，它推动创业者去发现和识别市场机会。创业活动的主体是创业者，创业活动首先取决于个人是否希望成为创业者。创业动机不仅是打算创业的一时冲动，更是对创业目标与预期收益的深思熟虑。

（二）识别创业机会

识别创业机会是对可能成为创业机会的诸事件的分析和对创业预期结果的判断。创业机会一般分为两种：一种是意外发现的；另一种是经过深思熟虑发现的。国家产业政策的调整、新技术的出现、人口和家庭结构的变化、人们的物质和精神需求的变化、流行时尚的趋势等都可能形成创业机会。创业者应该具有敏感的嗅觉，能够及时、准确地识别创业机会，识别之后，还要对创业机会进行评价和提炼。这里需要创业者将知识、经验、技能和其他市场所需的资源进行整合。

（三）整合有效资源

资源是创业的基础性条件，整合资源是创业者开发机会的重要手段。强调整合资源，是因为创业者可以直接控制的可用资源往往很少，许多成功的创业者都有白手起家的经历。创业者需要整合的资源包括基本信息（市场、环境和法律等相关信息）、人力资源（合作者、最初的雇员）、财务资源等。

(四)创建新企业

创建新企业需要进行大量的准备工作,其中创业计划、创业融资和注册登记尤为关键。创意能否变成行动,关键看其能否形成一个周密的创业计划;资金往往成为创业企业的"瓶颈",创业融资在企业的创建过程中至关重要;当创业者完成创业计划并获得融资后,就可以按照法定程序进行注册登记,包括确定企业的组织形式、设计企业名称、向工商行政管理机关提出企业登记注册申请、领取营业执照等。

(五)实现机会价值

创业者整合资源、创建新企业的目的是实现机会价值,并通过实现机会价值来实现自己的创业目标。这是创业过程中的重要环节。确保新创建的企业生存是创业者必须面对的挑战,但创业者不能仅仅考虑生存,同时还要考虑成长,不成长就无法生存得更好,在激烈竞争的环境中尤其如此。创业者需要了解企业成长的一般规律,预见企业在不同的成长阶段可能面临的问题,并分别采取有效的措施予以防范和解决,使机会价值得到充分的实现,同时不断地开发新的机会,把企业做活、做大、做强、做长。

(六)收获创业回报

对回报的正当追求是创业活动的目的,有助于强化创业者对事业的执着。对创业者来说,创业是获取回报的手段和途径,是一种载体。回报可能是多种多样的,对回报的满意程度在很大程度上取决于创业者的创业动机。有调查发现,多数创业者的创业动机首先是自己当老板,然后才是追求利润和财富,对这些人来说,当老板的感受就是回报。

五、创业动机

(一)创业动机的含义

通常认为,成为一个创业企业家是一个具有挑战的职业选择,因为他们在创业的过程中,每天要面对的日常生活和工作情境充满了与日俱增的不确定性、困难、失败和沮丧。因此,理解这些人为什么要选择创业和怎么样开展创业活动对于理解创业活动是非常关键的,这就涉及对创业动机的研究。

创业动机是指引起和维持个体从事创业活动,并使活动朝着某些目标前进的内部动力。它是鼓励和引导个体为实现创业成功而行动的内在力量。说得通俗一点,创业动机就是有关创业的原因和目的,即为什么要创业,为何创业。

创业活动是一种综合性很强的社会实践活动,它源于人的强烈的内在需要,这种内在需要是创业活动最初的诱因和动力。如果没有创业的

笔记区

笔记区

需要，就绝不可能产生创业行为。仅有创业需要也并不一定有创业行为，只有当创业需要上升为创业动机时，才能形成创业者竭力追求和获得最佳效果和优异成绩的心理动力。创业动机就是推动创业者从事创业实践活动所必备的积极的心理状态和动力。一旦创业者拥有了积极的心理状态和动力并将其付诸实践，他就会坚持不懈，勇往直前。

(二)大学生创业动机的分类

根据相关研究结果表明，创业的动机大体上可以归为以下4类：对成就的需要、对独立性的偏好、控制的欲望、改变家庭和个人的经济状况。大学生的动机有一定的特殊性，归纳起来主要有以下4种类型。

1. 生存的需要

由于经济的原因，许多的家庭难以负担昂贵的学费和生活费，国家的助学贷款、奖学金制度也不能完全解决经济问题。在沉重的经济负担之下，为了顺利完成学业，这部分学生中的一部分人只好利用课余时间打工来维持正常的学习和生活。在打工的过程中有一部分具有创业素质的人会发现商机并且去把握它，开始走上了创业的道路。

2. 积累的需要

按照奥尔德弗的ERG理论，人的需求分为生存相互关系和成长这三种需求并不一定按照严格的由低向高的顺序发展，可以越级。当代大学生随着年龄的增长，对于相互关系和成长的需要会逐渐变得更加强烈。一部分大学生为了增加自己的实践经验，丰富自己的社会阅历，或者为了自己以后的发展，或者为了实现自己的某个目标做好经济上的准备，在条件成熟的情况下也会利用课余时间走上创业的道路。这个类型的创业者往往以锻炼为目的，承受失败的能力较强。

3. 自我实现的需要

心理学研究表明：25～29岁是创造力最为活跃的时期，这个年龄段的青年正处于创造能力的觉醒时期，对创新充满了渴望和憧憬。他们思维活跃、创新意识强烈同时所受的束缚较少，对成长的需要也更为强烈。另外，由于大学生所处的环境，他们往往更容易接触一些新的发明和学术上的新成果，或者他们中的一部分人本身拥有具有自主知识产权的科研成果。为了能早日实现自己成功的目标，他们中的一部分人改变了自己的成功观念，也开始了自己的创业生涯。

4. 就业的需要

当前，我国的大学生就业形势相当严峻，一方面表现为需求不足，另一方面表现为大学毕业生的工资待遇降低。在这种情况之下，为了找到一份自己满意的工作，有一部分大学生也开始了创业。

六、创业前的心理准备

良好的创业心态，是每个创业者理智步入成熟、走向成功的基础。成功时得意而不忘形，遇挫时临危而不慌乱，这些都是创业者保持良好心态的准则。心态是控制创业心灵平衡的砝码，调整心态是一件循序渐进的事，同样也是每个创业者每天必做的"功课"。

(一)创业起步：创业者的心理准备

(1)要有积极、乐观、自信的心态。

(2)要有吃苦的心理准备。

(3)要有独立分析和决策的心理准备。

(4)要有承受压力和挫折的心理准备。

(二)创业成功必备的心态

(1)归零的心态。

(2)学习的心态。

(3)感恩的心态。

(4)积极的心态。

(5)合作的心态。

(三)创业者必须抛弃的心态

美国的塞利格曼教授对人类的消极心态做过深入的研究，他指出了三种特别模式的心态会造成人们的无力感，最终毁其一生。

(1)永远长存。即把短暂的困难看作永远挥之不去的怪物，这是在时间上把困难无限延长，从而使自己束缚于消极的心态不能自拔。

(2)无所不在。即因为某方面的失败，从而相信在其他方面也会失败。这是在空间方面把困难无限扩大了，从而使自己笼罩在失败的阴影里看不到光明。

(3)问题在我。即认为自己能力不足，一味地打击自己，使自己无法振作起来。这里的"问题在我"，不是勇于承担责任的代名词，而是在能力方面一味地贬损自己，削弱自己的斗志。

七、创业精神

创业精神既是创业的源泉和动力，也是创业的支柱。没有创业精神，就不会有创业行动，创业也就无从谈起；即使有创业，也往往是浅尝辄止、半途而废。因此，创业精神对创业来说至关重要。

(一)创业精神的本质

创业精神是创业者在创业过程中的重要行为特征的高度凝练，主要表现为勇于创新、敢担风险、团结合作、坚持不懈等。

笔记区

笔记区

1. 创新是创业精神的灵魂

创业精神的灵魂是创新，就是将新的理念和设想通过新的产品、新的流程、新的市场需求，以及新的服务方式有效地融入市场中，进而创造出新的价值或财富的过程。缺乏创新，就不会有新企业的诞生和小企业的成长壮大。

2. 冒险是创业精神的天性

没有敢冒风险和承担风险的勇力，就不能成为创业者。中外无数创业者虽然成长环境、成长背景和创业机缘各不相同，但他们都会有一种敢为人先的精神，勇于做"第一个吃螃蟹的人"。

3. 合作是创业精神的精髓

社会发展到今天，行业分工越来越细，创业者应善于合作，而且能将这种合作精神传递并影响企业的每个员工。面临困境时，良好的合作关系能让团队成员团结一心，"心往一处想，劲往一处使"。

4. 执着是创业精神的本色

创业的道路是坎坷的，选择了创业往往就是选择了面对更多困难、迎接更多挑战，而创业精神就体现在迎接挑战与战胜困难的过程中。因此，创业者必须坚持不懈，只有知难而进，在战胜困难中成长，才能抓住属于自己的机会。

（二）影响创业精神的因素

创业精神主要受到文化环境、机制环境、产业环境、生存环境等因素的影响。

1. 文化环境

创业行动者是生活于现实文化环境中的学习者。作为学习者，其生活所在区域的文化和价值观就是其学习的重要内容之一，因此在一个商业文化氛围浓厚的地方，潜在的创业行动者容易产生创业精神。以我国温州为例，早在南宋时期，温州的商业就十分发达，据《江山胜概楼记》所载："以故市声喧洞彻子夜，晨钟未歇，人与鸟鹊偕起。"《北山集》载："其货纤靡，其人多贾。"也许就是这种独特的区域文化传统孕育了今天温州商人的创业精神。

2. 机制环境

创业精神产生于特定的机制环境中，竞争的机制环境有利于创业精神的产生。

3. 产业环境

不同的产业环境会对创业精神产生影响。对于垄断行业而言，企业缺少竞争容易抑制创业精神的产生；而在一个完全竞争的市场结构中，由于企业间优胜劣汰，竞争激烈，往往能激发创业精神。

4. 生存环境

在资源贫瘠的地方，人们通常为了改善生存状况而寻求发展机会，整合外界资源，这更容易激发和形成创业精神。例如，我国历史上徽商、晋商的形成，最初都是源于生存环境的艰难。

(三)创业精神的作用

创业精神能够激发人们进行创业实践的欲望，是一种内在的动力机制。它在很大程度上决定着一个人是否敢于投身创业实践活动，支配着人们对创业实践活动的态度和行为，并影响着态度和行为的方向及强度。

具体来讲，创业精神可渗透到三个领域产生作用：一是个人成就的取得，即个人如何创建自己的企业；二是大企业的成长，也就是大企业如何使自身组织重新焕发创业精神，创造更高速的成长，从而具有更强的竞争力；三是国家的发展，也就是如何实施创新驱动发展战略、全面建成小康社会，使国家更富强、人民更幸福、社会更和谐。

创新精神能够帮助个人、企业乃至整个国家或地区在面对错综复杂的竞争环境时走向成功和繁荣。当前，世界产业结构正在发生转变，创业精神有利于我国转变经济发展方式，促进经济持续健康发展。

(四)创业精神的培育

培育创业精神，通常从培育创业人格、培养创新能力和强化创业实践等方面进行。

1. 培育创业人格

个性特征对创业者个人来说非常重要，尤其是独立性、坚持性、敢为性等，所以，人格塑造与创业精神培育相辅相成。大学生要树立心理健康意识，提高心理素质，增强适应能力，自觉培养坚韧不拔的意志品质和艰苦奋斗的精神。

2. 培养创新能力

创新是创业精神的核心。大学生要通过保持个性发展和好奇心、求知欲，勇于突破前人、突破书本、突破难题，自觉培养科学精神，训练创新思维，提高创新能力。

3. 强化创业实践

"纸上得来终觉浅，绝知此事要躬行。"大学生应该利用课余时间参加一定的创业模拟和社会实践活动，增强对企业的了解和对社会的认知；通过在校内外参加创业竞赛活动和见习实习等，在实践中磨炼自

笔记区

己，培育创业精神。

📖 拓展阅读

创业宣言

[德]阿尔贝特·施威茨尔

我怎会甘于庸碌，打破常规的束缚是我神圣的权利，只要我能做到。

赐予我机会和挑战吧，安稳与舒适并不使我心驰神往。

我不愿做个循规蹈矩的人，不愿唯唯诺诺麻木不仁，

我渴望遭遇惊涛骇浪，去实现我的梦想，

历经千难万险，哪怕折戟沉沙，也要为争取成功的欢乐而冲浪。

一点小钱，怎能买动我高贵的意志，

面对生活的挑战，我将大步向前。

安逸的生活怎值得留恋，乌托邦似的宁静只能使我昏昏欲睡。

我更向往成功，向往振奋和激动，

舒适的生活怎能让我出卖自由，怜悯的施舍更买不走人的尊严。

我已学会独立思考、自由地行动，

面对这个世界，我要大声宣布——这，是我的杰作！

模块二　分析创业环境

🎬 **名人语录**

具有自主知识产权的核心技术，是企业的"命门"所在。

　　　　　　　　　　　　　　　　　　　——习近平

要么创新，要么死亡。　　　　——托马斯·彼得斯

分析创业环境

🏠 **学习目标**

(1)了解创业环境的概念。

(2)认识不同创业环境的分析评价。

(3)掌握大学生创业的影响因素，明确创业方向，树立正确的创业观。

案例导入

"新农人"的别样青春

1996 年出生于湖南湘西土家族苗族自治州的施林娇是十八洞村第一代返乡创业的大学生，2019 年毕业于浙江音乐学院，曾在湖南浏阳一家公司做宣传工作。2020 年年初，施林娇辞职回到十八洞村，和另外两名返乡的大学生施志春、施康一拍即合、共同创业。他们希望团队能通过直播平台帮助乡亲们拓宽特色产品的销路。目前，他们在一家直播平台已经有了近 5 万"粉丝"。

藏族小伙王磊是甘肃省甘南藏族自治州舟曲县曲瓦乡城马村的一名"90 后"种养殖农民专业合作社负责人。2017 年，在外学习音乐的王磊回到家乡，创办艺术培训班的同时，经营起一家种养殖农民专业合作社，养殖中华蜂、土鸡、土猪，种植核桃、羊肚菌等，带动 37 户贫困户在家门口就业增收。

（资料来源：改编自《"新农人"的别样青春》，载《人民日报海外版》，2020-05-16。）

想一想：

为什么越来越多的大学生选择自主创业？

知识学习

一、创业环境的概念

创业环境是指与创业活动相关联的因素的集合，包括宏观环境、行业环境和微观环境。

宏观环境又叫总体环境，是指那些给企业造成市场机会或环境威胁的主要因素，包括政治、经济、社会、技术、自然和法律等。

行业环境是指提供同一类产品（或服务）或提供具有可替代性产品（或服务）的企业群，行业分析的内容包括行业的生命周期阶段、行业的进入与退出障碍、行业的需求及竞争状况、行业主导技术的发展趋势及行业的发展前景。

微观环境是指企业的顾客、竞争者、营销渠道和有关公众等对企业营销活动有直接营销的各种因素。

二、不同创业环境的分析评价

创业者可以通过对某地区的创业发展程度作一个客观公正的评价，就可以大概了解到这个地区环境对创业的支持程度。

(一)对地区环境因素的分析评价

创业者在对地区的环境因素进行评价时主要考虑的方面有：①对该地区的熟悉程度如何；②在该地区有多大的影响力；③新创企业在这个地区内将会有何影响；④地区的人文和支持体系是否完善；⑤地区的基础设施是否满足。

(二)对宏观环境因素的分析评价

1. 政治法律因素

一些政治因素对创业的行为有直接的影响，但一般来讲，政府主要是通过制定一些法律和法规来间接影响创业活动的。因此，作为创业者应具备一定的政治头脑与法律意识。

2. 经济因素

一个企业经营成败与否，在很大程度上取决于整个经济运行情况，创业者要善于对经济因素进行分析。与企业经营有关的经济因素主要包括：整个国民经济的发展状况、产业结构的构成与发展、价格的升降和货币升贬值、银行利率的升降和信贷资金的松紧程度等。

3. 社会因素

社会因素包括社会文化、社会习俗、社会道德观念、社会公众的价值观念、职工的工作态度以及人口统计特征等。变化中的社会因素影响社会对企业产品或劳务的需要，也能改变企业的战略选择。因此，创业者需要在创业前对有关的社会因素加以考虑。

4. 技术因素

技术的进步可以减少或消除企业间的成本壁垒，缩短产品的生产周期，极大地影响到企业的产品、服务、市场及竞争地位，可以带来比现有竞争优势更为强大的新的竞争优势。对于创业者来说，能正确识别和评价关键的技术机会与威胁是至关重要的。

5. 自然环境因素

自然环境主要指企业所在地的全部自然资源。对于创业者，应该基于资源从事创业，对于选定的创业项目，需要认真地分析是否有足够的资源来支持创业企业的生存与发展。

(三)对行业环境因素的分析评价

1. 新进入者的威胁

新进入者是行业的重要竞争力量，它会对本行业带来很大威胁，称之为进入威胁。进入威胁的大小取决于进入障碍和原有企业的反击程度。如果进入障碍高，原有企业反击激烈，进入者难以进入本行业，进入威胁就会小；反之，进入威胁就会增大。

2. 其他利益相关者

这些利益相关者可能是股东、员工、政府、社区、借贷人、贸易组织以及一些特殊利益集团。它们各自对各个企业的影响大小不同。创业者从创业初始就应该适当考虑与利益相关者的价值均衡的问题及他们对创业的影响。

3. 现有竞争者的抗衡

行业内企业之间存在着竞争，其竞争程度是由一些结构性因素制约的。每个行业的进入和退出障碍是不同的，理想的情况是进入屏障高而退出屏障低。这样，新进入者扩张会受到阻挡，而不成功的竞争者将退出该产业，企业就会获得稳定收益。

4. 替代品的竞争压力

所谓替代品就是满足同一市场需求的不同性质的产品。例如，塑料替代钢材、空调替代电风扇等。科学技术的发展将导致替代品的不断增多。创业者在制订战略时，必须识别替代品的威胁及程度，顺应时代潮流，尤其对于采用最新技术、最新材料的产品方面更需要高度注意。

(四)对微观环境因素的分析评价

1. 企业的顾客

顾客是指在商店或服务行业进行消费的对象，包括组织和个人。顾客作为消费市场的主体，对企业的发展有着重要的影响，任何企业的产品和服务，只有赢得了顾客的认可，才能在市场中占据一席之地。因此，企业要及时对目标顾客进行研究，重点分析顾客的需求规模、需求结构、需求心理和购买特点。

2. 有关公众

有关公众是指与企业的营销活动有联系的各种群体，如金融公众、媒介公众、政府公众、社团公众、社区公众、内部公众等。公众对企业的态度，会对企业的营销活动产生巨大的影响。处理好与主要公众间的关系，可以帮助企业获得公众的支持和喜爱，有利于企业树立良好的形象。

三、创业环境评价的原则

1. 全面性原则

影响创业环境的因素有很多，既有内部因素，也有外部因素；既有宏观因素，也有微观因素；既有社会因素，也有自然因素。这些因素涉及市场、行业、经济、环境、政治、社会等各方面，因此，在评价创业

笔记区

环境时，要全面考虑，综合评价。

2. 科学性原则

创业环境评价的科学性体现在评价指标的科学性和评价方法的科学性。对于评价指标而言，科学性表现在两方面：第一，指标是在实证的基础上确定的；第二，在参考国外评价指标体系的基础上，结合中国实际情况确定的。评价方法的科学性体现在对关键指标要采取定性分析方法，然后结合定量分析方法进行评价。

3. 重要性原则

在坚持全面性原则的基础上，我们对影响创业环境的指标进行分类，对影响创业机会的关键指标采用定性的方法，这也是创业环境评价的第一步；同时，考虑不同地区、不同省份、不同历史阶段的差异性，对创业环境指标体系进行调整，保留那些影响创业环境的关键要素，去掉对创业环境影响不大的因素。

四、大学生创业环境分析

（一）大学生创业的优势和劣势

当今世界，经济全球化、政治多极化、文化多元化、社会信息化等飞速发展，正在日益深刻地改变着人类生产、生活方式。新的科学技术把人类带入了一个新的时代，即知识经济的时代。知识经济时代的特征不仅是知识成为发展经济的主要要素，而且带来经济全球化和社会的各种变革。这些都为大学生的创业带来了契机。中国社会背景创业是社会发展过程中形成的一种活跃而有效的经济形式，我国在改革开放以后，创业的形势有很明显的好转，不论是私人创业涉及的领域还是创业的发展势头，都有着健康发展的趋势。

1. 大学生创业的优势

（1）大学生创业的外部优势

①国家鼓励大学生创业并给予各项政策支持。

高校毕业生是我国宝贵的人力资源。国家鼓励高校毕业生到城乡基层、到中西部地区和中小企业就业，鼓励自主创业，提供创业培训，并推出贷款优惠政策、税费减免政策、金融扶持政策等，切实为大学生创业提供各方面的支持。

广大的政策舆论给想要创业的大学生带来了积极的心理暗示。此外《关于深化高等学校创新创业教育改革的实施意见》中也明确要强化创新创业实践，促进实验教学平台共享，利用各种资源建设大学科技园、大学生创业园、创业孵化基地和微企业创业基地。建好一批大学生校外创新创业实践基地，举办全国大学生创新创业大赛。

📖 拓展阅读

2019 年部分地区的大学生创业优惠政策

黑龙江：大学生可以优先转入相关专业学习，允许保留学籍休学创业创新，和毕业生一样享受国家的自主创业扶持政策，到 2020 年，将有 1/10 的应届高校毕业生参加创业培训。哈尔滨对大学生创业项目给予补贴。凡大学生在哈尔滨市创业的，在城镇创业的对其创业项目给予 2 000 元的一次性创业项目补贴；为鼓励大学生返乡创新创业；对返乡到农村(乡镇及以下)创业的大学生给予 3 000 元的一次性创业项目补贴。对科技含量高、市场潜力大、能在短时间内形成经济增长点的优秀和重点科技创业项目，经评审给予 20 万元至 30 万元的经费资助；开展大学生创业大赛与大学生创业典型评选活动，大力扶持网络创业。

浙江杭州：大学生创业项目申请无偿创业资助的，资助金额最高额度从原来的 10 万元提高到 20 万元；"实行房租补贴机制"——大学生创业园所在城区政府为入园企业提供两年 50 平方米的免费用房，对在创业园外租房用于创业的，由纳税地财政在两年内按标准给予房租补贴，补贴标准为第一年补贴 1 元/平方米·天、第二年补贴 0.5 元/平方米·天(实际租用面积超过 100 平方米的，按 100 平方米计算；房租补贴超过实际租房费用的，按实际租房费用补贴)。

重庆：半年以上未就业有固定户口的大学毕业生可在其户口所在地居委会登记，申请 3 000～4 000 元人民币的银行抵押和担保贷款；自谋职业的毕业生，根据本人意愿，可将户口和人事档案暂存就读学校 2 年或由市大中专毕业生就业指导中心存管 2 年，存管期间免收档案管理费。

福建：2014—2017 年，引领 3 万名大学生实现创业，在全省各地和高校扶持下建设 50 个创业孵化基地(创业园)。每年为 1 000 名创业大学生提供孵化服务，评选资助一批优质大学生创业项目。

江苏南京：河西金融集聚区的专项资金将由每年 6 000 万元，扩充至每年 1 亿元。建邺区财政将每年安排 3 000 万元，设立专项扶持资金，用于扶持大学生创业小额担保贷款贴息等，凡在建邺区工商登记注册的初始创业大学生，按每人 1 000 元的标准给予创业补贴。凡经市级验收评定为"大学生创业园"的，给予 30 万元的一次性建园奖励补贴。

陕西：高校毕业生可接受 SYB 模块培训("创办你的企业")，培训合格后 6 个月内成功开业且在开业后 6 个月内提供不少于 3 次后续跟踪指导服务、开业单位(企业)正常经营的，再按 800 元/人对创业培训机构给予补贴，每人每年可享受一次；组织相关专家对创业项目进行论证，提供开业过程中的信息咨询，指导办理工商、税务注册登记手续；个人自主创

筆記区

笔记区

业且符合申请小额担保贷款条件的，可申请不超过 10 万元的贷款扶持；合伙经营或组织起来就业的，可申请不超过 50 万元的贷款扶持。

（资料来源：改编自《全国大学生创业优惠政策汇总》，http://www.xiandaiyuwen.com/news/zcgg/573998.html，2019-04-18。）

②民营企业地位上升。

民营企业已经成了社会主义市场经济的重要组成部分，改革开放以来，民营经济得到了大力发展，在国民经济发展中起到越来越重要的作用。这给创业者带来了福音，也给二次创业者带来了机会。成功的民营业虽然得到了较好的发展，有了一定的规模，但在当下竞争日益激烈，企业管理落后等问题层出不穷，需要解决更多深层次的问题，对拥有丰富理论知识的大学生而言，二次创业能取得一定的成功。

（2）大学生创业的自身优势

①大学生对未来充满希望。

大学生有着年轻的血液、蓬勃的朝气以及初生牛犊不怕虎的精神，而这些都是一个创业者应该具备的素质。

②学科专业优势。

大学生在校期间学到了很多理论性的知识，他们有着较高层的技术优势，大学生创业一开始就有极大的可能会走向高科技领域，大学生创业的特色就是用智力换取资本。一些风险投资家通常就是因为看中了大学生所掌握的先进技术而愿意对其进行投资的。除此之外，大学期间开设的课程大都有一定的内在关联性，学生从中学到的是一种理念和一种思维方法，这对大学生创业会有许多帮助。

③大学生有创新精神。

大学给大学生提供了许多培养创新能力的平台，如大学生社团，学生在经营过程中能够锻炼沟通能力、组织能力、事务处理能力等。此外全国各高校还为广大大学生组织了各种创新比赛，引导大学生的创业创新意识。拥有创新精神的大学生往往对传统观念和传统行业有挑战的信心和欲望，这是大学生创业的动力源泉。

④大学生概念性技能强。

随着市场经济的规范化，企业管理及决策科学化，创业并不是头脑一热毫无准备就能付诸行动的。创业者要拥有足够的知识，对规划分析、注册选择、品牌经营等各流程有了解。大学生在这些概念性很强的理论方面较社会上其他创业者（如农民）来说，有着较强的优势。

⑤大学生团队组合优势。

大学生创业团队大多为年轻人且往往是团队组织者利用自己的关系网组建的，成员间彼此熟悉，因此比较容易互相融合信任，较为容易接受共同的意愿，增加了团队的凝聚力，减少了部分风险。每个成员都有自身的优势，在团队中担任不同的角色，资源互补，协同共振，具有良好的团队互补性。

2. 大学生创业的劣势

大学生自主创业本身具有积极的意义，但同时也存在一定的问题。

（1）社会经验不足

大学生由于对创业没有充足的心理准备，常常盲目乐观，面对创业过程中的挫折和失败，会感到痛苦茫然甚至一蹶不振。他们心中的创业更多的是成功的例子，是理想主义的心态。看得到成功，也要看到失败，这才是真正的市场，这才能使创业者变得更加理智。

（2）缺乏管理经验

大学生虽然有知识方面的优势，但一部分人喜欢纸上谈兵，容易眼高手低，好高骛远，看不起蝇头小利。大学生缺乏必要的实践能力和经营管理经验。他们不知道怎样制订公司战略，怎样管理提高效率，怎样进行市场推广等一系列问题。

（3）缺乏真正有前景的创业项目

大学生提交的创业计划书中许多创业点子经不起市场的考验。市场预测普遍过于乐观，许多人试图用一个自认新奇的创业观点来吸引投资，但现在的投资人看重的是创业计划中真正的技术含量有多高，市场盈利有多少。对于这些，大学生必须有一套细致周密的可行性论证与实施计划。

（4）市场观念淡薄

很多大学生创业往往只有一个点子或是几个人的突发奇想，但如何将这些想法转化为商业计划常常被大学生忽略。他们乐于向投资人大谈自己的技术如何独特，却很少涉及这些技术的市场空间，忽略了产品本身的市场价值。

（5）综合素质不足

组建高效的团队是创业成功的开端。大学生在综合素质方面有待进一步提升。不少的大学生有核心的技术、独特的创意，但在第一阶段正常运行后随着业务量的增多、团队的扩大，可能会在人事、财务等方面出现问题。由于没有足够的经验，不少团队因此跌在了创业的路上，需进一步提高大学生的实践能力、组织领导能力、协调合作能力、沟通创造的能力。

📖 拓展阅读

两个月就关张的食品杂货店

大学生小刘毕业后一直想自己做老板。于是，小刘租了小区内一个

笔记区

库房作为店面，筹集了一万多元人民币做启动资金，进了一些货品，开了一家食品杂货店。但是经营了两个月后，小刘的食品杂货店就撑不住了，不得不关张。为什么小刘的店经营惨淡呢？原来，小刘为了突出自己食品杂货店的特色，将经营范围锁定在沙司、奶酪、芝士等一些西餐调味食品上，但是小区里的居民对她的货品需求少，加之她店面的位置在小区边缘，很多邻居都不愿意绕道过去，而且营业时间不固定，由着她的性子开，所以生意惨淡。

（二）大学生创业的影响因素

大学生创业早已不是什么新鲜的事，在高校大学生中，想创业即有这个想法的占绝大多数，但是真正操作的人却寥寥无几，我国大学生创业还仅仅处于起步阶段，自主创业的实际人数不多，占大学生总数的比例不大，自主创业步伐缓慢。从主客观两方面可以找出影响大学生创业的因素。

1. 主观因素

（1）创业经验

大学生属于学生群体，待在学校的时间比较长，没有与社会足够的接触，对生意场上的交往接待不太懂，跟合作伙伴之间不知道建立互信意识，因此缺乏必要的经验和技巧，在创业开始时会遇到相当多的麻烦，并且不知如何处理。学生在毕业之前应尽量掌握充分的创业知识，做好上马的准备。

（2）自身素质

创业属于一项实践活动，尽管大学生自信满满，但往往遇到实际问题无法解决时容易心灰意冷，产生浮躁情绪，这不利于创业的继续进行。要做一个比较合格的创业者，必须提高自身素质，不能只是纸上谈兵。为此，既要多参加公司企业的实习，锻炼自己的抗压能力和抗风险能力，又要积极学习管理之道、交际之道，懂得如何与各种人物相处，同时还要有坚韧不拔的品格和持之以恒的毅力，这样才能在面对挫折时保持良好的心态。

2. 客观因素

（1）创业资金

大学生总体来讲是没有创业启动资金的，国内针对大学生创业的金融服务也是不完善的。创业资金成了一个很重要的问题，大学生要么和父母商量贷款，要么组建团队共同出资，要么拿出自己的创业计划书向企业争取资金支持。

（2）市场环境

当今时代物质文明高度发达，创业需要敏锐的市场意识。在市场经济条件下，创业的成果必须要经得起市场检验，大学生在创业时要充分考虑市场环境，市场准入是否合理，竞争是否公平、公开，法律制度是否比较完善等，还要考虑到可能面临的国际竞争问题。

（3）核心项目或产品

俗话说得好，物以稀为贵。只有你的项目特色鲜明、产品独到，才能打开市场，赢得消费者的青睐。大学生创业根基来源于商机的与众不同，因此要开动脑筋，寻找市场空白点，考察市场和创业环境之后就尽快进入实践，抢占市场控制权。不论结果如何，都要记住：做不一般的东西才是企业长期生存的根本。

📖 拓展阅读

大学生创业的九大注意事项盘点

大学生创业是再正常不过的现象，但是我们也看到了很多人因为没有经验等原因而导致失败，那么对于这样一个特殊的群体，在创业的过程中都有哪些注意事项呢？

1. 多学多问，虚心请教

学习一直是成功人士必备的品质。尤其对于缺乏社会经验的大学生创业群体，学习不可放下，而且应该是多方面并且有实效的。做事不能一意孤行，向别人多多请教，不只局限于成功的创业前辈，也可以是你的目标消费者，他们也是你的创业导师。

2. 耐住性子，不可冲动

冲动是很多年轻人的共性，而作为创业投资来说，更应该耐住性子，行事千万不能冲动。要多思多虑，年轻人创业本身就是有风险的事，所以经营过程中更应该深思熟虑，做有把握的事。

3. 勇于承担，负责到底

一个成功的领导者必不可少的品质就是勇于承担，不论失败成功，不能责怪别人或是怨天尤人，要多从自己身上找原因，错了就是错了，要敢于担当。

4 要认识并接受人的本性

大学生沉浸在校园简单的人际交往中，步入社会后经验不足，所以在前期人际交往中一旦受挫，情绪和思想浮动会很大。大学生创业群体一定要认清社会，学会正确接受人的本性。

5. 要有大局意识，不能只顾眼前

做长久之事，行事须看到五步之外，所谓深谋远虑是也。大学生在创业的时候不能只看到一时得失，行事考量等都须往长远看，做合理的投资。

笔记区

6. 向竞争者学习

竞争者虽然会在短期内给自己造成压力，但成功抑或是失败的竞争者都可以成为自己创业的现成教材，而且通常近地域和相似性，更加可以清楚地看到自己经营的好坏所在。

7. 做事前要仔细分析，请教前辈

投资本身就是一项很需要智慧和社会经验的脑力、体力活，而这些又是大学生的硬伤，所以要多向前辈请教，借鉴前辈的经验，少走弯路，避免犯错。在自己思维范围内，做事前一定要先思考三分钟，拿出切实可行的决策依据。

8. 不可任意挥霍，合理理财

部分大学生习惯了衣来伸手、饭来张口的生活，所以初期对花销没有概念。而创业又是一个很需财力的投资，所以一定要克制自己，用钱的地方很多，一定要花到实处，绝不可以任意挥霍。

9. 要有从屡次挫败中爬起的勇气

数据表明大学生创业成功的往往不到两成，这和他们自身的局限以及性格特征有诸多关系。虽然失败的可能性很大，但是面临失败时，不能灰心丧气，依然要保持热情，就算创业不成，也可转向工作或其他行业，力求在工作中磨炼自我，重回创业的舞台，成就一番事业。

(三)大学生创业的必要特质

大学生创业必须把握的核心能力有如下特征。

1. 价值优越性

核心能力应当有利于企业效率的提高，能够使企业在创造价值和降低成本方面比竞争对手更加有优势。

2. 异质性

一个企业拥有的核心能力应是独一无二的，这是企业成功的关键因素。核心能力的异质性决定了企业之间的异质性和效率差异。

3. 不可仿制性

核心能力是在企业长期的生产经营活动过程中积累形成的，深深地印上了该企业特殊组成、特殊经历的烙印，其他企业难以复制。

4. 不可交易性

核心能力与企业相伴而生，虽然可为人们感受到，但却无法像其他生产要素一样通过市场交易进行买卖。

5. 难以替代性

和其他企业资源相比，核心能力受到替代品的威胁相对较小。没有核心能力的创业可能是昙花一现。

(四)大学生创业的相关风险

大学生创业者要认真分析：自己创业过程中可能会遇到哪些风险？这些风险中哪些是可以控制的？哪些是不可控制的？哪些是需要极力避免的？哪些是致命的或不可管理的？一旦这些风险出现，你应该如何应对和化解？特别需要注意的是：一定要明白最大的风险是什么？最大的损失可能有多少？自己是否有能力承担并渡过难关？大学生创业的风险主要有以下几方面。

1. 项目选择

大学生创业时如果缺乏前期市场调研和论证，只是凭自己的兴趣和想象来决定投资方向，甚至仅凭一时心血来潮作决定，一定会碰得头破血流。

大学生创业者在创业初期一定要做好市场调研，在了解市场的基础上创业。一般来说，大学生创业者资金实力较弱，应选择启动资金不多、人手配备要求不高的项目，从小本经营做起比较适宜。

2. 缺乏创业技能

很多大学生创业者眼高手低，当创业计划转变为实际操作时，才发现自己根本不具备解决问题的能力，这样的创业无异于纸上谈兵。一方面，大学生应去企业工作或实习，积累相关的管理和营销经验；另一方面，积极参加创业培训，积累创业知识，接受专业指导，提高创业成功率。

3. 资金风险

资金风险在创业初期会一直伴随在创业者的左右。是否有足够的资金创办企业是创业者遇到的第一个问题。企业创办起来后，就必须考虑是否有足够的资金支持企业的日常运作。对于初创企业来说，如果连续几个月入不敷出或者因为其他原因导致企业的现金流中断，都会给企业带来极大的威胁。相当多的企业会在创办初期因资金紧缺而严重影响业务的拓展，甚至错失商机而不得不关门大吉。

4. 社会资源匮乏

企业创建、市场开拓、产品推介等工作都需要调动社会资源，大学生在这方面会感到非常吃力。平时应多参加各种社会实践活动，扩大自己人际交往的范围。创业前，可以先到相关行业领域工作一段时间，通过这个平台，为自己日后的创业积累人脉。

5. 管理风险

一些大学生创业者虽然技术出类拔萃，但理财、营销、沟通、管理方面的能力普遍不足。要想创业成功，大学生创业者必须技术、经营两手抓，可从合伙创业、家庭创业或从虚拟店铺开始，锻炼创业能力，也可以聘用职业经理人负责企业的日常运作。

笔记区

6. 竞争风险

寻找蓝海是创业的良好开端，但并非所有的新创企业都能找到蓝海。更何况，蓝海也只是暂时的，所以，竞争是必然的。如何面对竞争是每个企业都要随时考虑的事，而对新创企业更是如此。如果创业者选择的行业是一个竞争非常激烈的领域，那么在创业之初极有可能受到同行的强烈排挤。一些大企业为了把小企业吞并或挤垮，常会采用低价销售的手段。对于大企业来说，由于规模效益或实力雄厚，短时间的降价并不会对它造成致命的伤害，而对初创企业则可能意味着彻底毁灭的危险。因此，考虑好如何应对来自同行的残酷竞争是创业企业生存的必要准备。

7. 团队分歧

现代企业越来越重视团队的力量。创业企业在诞生或成长过程中最主要的力量来源一般都是创业团队，一个优秀的创业团队能使创业企业迅速地发展起来。但与此同时，风险也就蕴含在其中，团队的力量越大，产生的风险也就越大。一旦创业团队的核心成员在某些问题上产生分歧不能达到统一时，极有可能会对企业造成强烈的冲击。

8. 核心竞争力缺乏的风险

对于具有长远发展目标的创业者来说，他们的目标是不断地发展壮大企业，因此，企业是否具有自己的核心竞争力就是最主要的风险。一个依赖别人的产品或市场来打天下的企业是永远不会成长为优秀企业的。核心竞争力在创业之初可能不是最重要的问题，但要谋求长远的发展，就是最不可忽视的问题。没有核心竞争力的企业终究会被淘汰出局。

9. 人力资源流失风险

一些研发、生产或经营性企业需要面向市场，大量的高素质专业人才或业务队伍是这类企业成长的重要基础。防止专业人才及业务骨干流失应当是创业者时刻应注意的问题，在那些依靠某种技术或专利创业的企业中，拥有或掌握这一关键技术的业务骨干的流失是创业失败的最主要风险源。

10. 意识上的风险

意识上的风险是创业团队最内在的风险。这种风险来自无形，却有强大的毁灭力。风险性较大的意识有：投机的心态、侥幸心理、试试看的心态、过分依赖他人的心理、回本的心理等。

大学生创业过程中所遇到阻碍并不仅此十点，保持积极的心态，多学习、多汲取优秀经验，结合大学生既有的特长优势，大学生创业的步伐会越走越远，越走越稳。

🎧 创业故事

一个返乡创业大学生的创业故事

温州某学院毕业生李闪闪是一个农家子弟，家境贫寒。父母希望他毕业后能找一份体面的工作，但他一直想回家乡做一番事业，带动乡亲致富。当他向父母提出回乡创办家禽专业合作社的时候，父母说："大学毕业了，为什么不去企业就业或者去考个农技员之类的，环境好，也体面，为什么非要回家来养鸭、养猪，干这么脏、这么累的活？"

后来父母同意了，但是紧接着的问题是缺少资金，当地的团县委知道这一情况后，帮忙联系了村镇银行，给了他 10 万元的贷款，初步解决了启动资金问题。

养鸭不容易，刚运来的雏鸭非常脆弱，需要精心照料。那个时候已经是夏天，天气很热。室外的温度有 35℃ 左右，鸭舍内已经超过 40℃，李闪闪每天冒着酷暑照料鸭子。有一次，鸭子突然生病了，李闪闪给它们打针吃药也不见好转。后来，学院动物科学系的老师专家及时给予了技术指导与帮助，治好了鸭子的病。目前，李闪闪的合作社有番鸭现存栏 2 万多只、母猪 34 头、公猪 1 头。年出栏 8 万余只番鸭、生猪百余头，年产值逾 300 万元。

"我在大学里学的就是畜牧兽医专业，我可以用专业技术来养殖番鸭、生猪。另外，因为经过大学学习，我进一步懂得了如何管理鸭场、猪场和合作社，也懂得如何控制成本、如何营销产品。"李闪闪说。他的下一个目标是把番鸭养殖合作社发展成多元化的养殖企业，在农村的广阔天地里实现自己的梦想。

（资料来源：改编自《关于大学生农业创业的实例》，https://www.unjs.com/jiuye/chuangye/20190221201114_1897567.html，2019-02-21。）

（五）大学生创业对社会的意义

就整个社会而言，鼓励大学生创业不仅可以缓解就业压力，而且还可以推动社会进步，增强经济活力，加速科技创新。

1. 社会就业的扩容器

管理学大师彼得·德鲁克曾对 1965—1984 年的美国经济进行过研究，他发现：创业型就业是美国经济发展的主要动力之一，是美国就业政策成功的核心；就业机会都是中小企业创造的，并且都是创业型和创新型企业创造的。尤其在大企业进行大裁员时，中小企业在稳定就业方面起着越发重要的作用。

就业是民生之本，是人民改善生活的基本前提和基本途径。我国有十几亿人口，就业压力非常大。目前，中国的改革正进入攻坚阶段，产业结构正在进行优化和调整，在这个重大社会转型期，就业矛盾更加突出。没有全社会广泛的创业活动，就业问题将直接影响我国社会经济的发展进程与和谐社会的建立。

2. 社会进步的推动器

创业活动促进了社会经济体制的改革和深化。创业是将创造性带进组织的一种完整概念，其核心就是创新，包括技术创新、组织创新、管理创新和制度创新。实际上，我国的企业制度创新就是从中小企业开始的，体制改革也是首先以中小企业为试验田的。

创业繁荣了市场，丰富了人们的生活，提高了人们的生活质量。大量的新创中小企业利用其灵活的机制，通过多品种、小批量的个性化服务，以及参与垄断行业和新兴产业领域的竞争，保证了市场活力，促进了市场竞争。

3. 科技创新的加速器

创新是创业的主要驱动力量，创业是新理论、新技术、新知识、新制度的孵化器，也是新理论、新技术、新知识、新制度形成现实生产力的转化器。

美国的相关研究表明，第二次世界大战后，在美国创业型小企业的创新占所有创新的一半，占重大创新的 95%。在较小的创业型企业中，其研究开发比大企业更有效率和更为强劲，小企业每一美元的研究开发经费所产生的创新价值是大企业的两倍。

就我国来说，当前中国经济结构调整的重点是发展高新技术产业和进行传统产业的升级改造。而创业往往伴随着新技术、新产品、新工艺、新方法进入市场，科研成果转化型的创业企业往往伴随着新技术或新工艺的产生与发展，这对中国科技水平和综合国力的提高有着巨大的促进作用。

4. 促进全新成才观的形成

大学生创业观的出现，给传统的成才观造成了猛烈的冲击。在新的社会环境中，大学生对未来的选择日趋多元化。创业可以作为未来的就业选择，这势必对大学生的学习生活产生深远的影响。他们将重新设计自己的成才道路，并为成才做好应有的准备。

虽然最终选择自主创业的大学生只是少数，但通过创业教育使大学生树立创业意识比创业本身更有意义。因为在创业意识的推动下，大学生将更加重视自身素质的完善和提高。

5. 有助于造就一批年轻的企业管理人才

大学生创业的艰苦过程，不仅磨炼了创业者的意志品质，还培养了创业者的市场观念，训练了他们的决策管理能力，锻炼和提高了他们自身的素质，从而有助于为国家造就一批年轻的企业管理人才。

6. 对个人的意义

创业是实现人生理想和价值、获得自身全面发展的有效途径。大学生创业对其自身来说具有以下几个重要意义。

第一，充分发挥自己的才能。

第二，打开"金钱枷锁"，积累财富。

第三，享受过程，激励人生。在创业过程中，创业者会时刻面临诸多困难和挑战，也会发现很多机遇。通过不断战胜这些困难和挑战，创业者将会变得更加坚强、自信，从而体会到工作、生活的另一番美好。

总之，创业是实现人生理想和价值、获得自身全面发展的一个有效途径。

拓展训练

1. 判断下列情形中哪些属于创业：

(1)一位妇女喜欢为家庭制作开胃食品，朋友们经常称赞她。后来，她成立了一家公司来制作和销售开胃食品。

(2)一位从事生物化学基础研究的科学家有了能推动该领域前沿发展的重要发现。但是，他对识别该发现的实际用途没有兴趣，而且从未尝试那样做。

(3)一位中年男人被从管理职位上"裁员"后，偶然发现了用特殊方法处理旧轮胎作为花园边饰(将不同种类植物分开的隔离物)的创意。

(4)一位退休军官有一个创意：从政府那里购买淘汰的水陆两栖交通工具，并使用它们去建立一家专门从事偏远荒野旅游的公司。

(5)一个年轻的计算机科学家开发出比目前市场上任何软件都要好得多的新软件，并寻求资金创建一家公司来开发和销售该产品。

2. 根据自己的实际情况回答以下问题：

(1)能否简单地描述你的创业构想？

(2)你是否了解你将要从事的行业？

(3)你将通过什么方法来了解你将要从事的行业？

(4)你能够确定自己愿意长期从事这个行业吗？

(5)你在创业方面有没有比较好的人际关系储备？

(6)你了解当前的创业环境与创业优惠政策吗？

通过对上述问题的回答可以了解自己是否已经有了创业的思想准备。

笔记区

第四章　创业机会与创业风险

🛰 开篇故事 ————————————————————————●

张旭豪：饿了么的创业故事

2008年，张旭豪开始在宿舍创业，2015年获得E轮融资，拥有几千员工，服务范围也从上海交通大学周边快速扩展到全国250个城市，这便是在线外卖订餐平台"饿了么"的快速发展轨迹。

机缘巧合下，开展自己的创业之路

2008年，还在上海交通大学机械与动力工程学院读硕士研究生一年级的张旭豪也认为，只要自己做的东西被市场认可，个体就是有价值的。一天晚上，他和室友一边打游戏一边聊天，突然感到饿了，打电话到餐馆叫外卖，要么打不通，要么不送。

创业就这样从不起眼的送外卖服务开始了。张旭豪和康嘉等同学一起，将交大闵行校区附近的餐馆信息搜罗齐备，印成一本"饿了么"的外送广告小册子在校园分发，然后在宿舍接听订餐电话。接到订单后，他们先到餐馆取快餐，再送给顾客。这一模式完全依靠体力维持业务运转，没有太大的扩张余地。唯一的好处是现金流充沛：餐费由他们代收，餐馆一周结一次款。

采用线上线下相结合的模式，形成系统雏形

只有互联网能够大规模复制并且边际成本递减。2008年9月，"饿了么"团队开始研发网络订餐平台，张旭豪先通过校园BBS招来软件学院的同学入伙。用了半年左右，他们开发出了首个网络订餐平台。在网址注册上，他们用"ele.me"（"饿了么"的汉语拼音）组成，网络订餐可按需实现个性化功能，比如顾客输入所在地址，平台便自动测算周边饭店的地理信息及外送范围，并给出饭店列表和可选菜单。

网络订餐系统初运营时，已有30家加盟店支持，日订单量达500~600单。可那段时间，张旭豪和康嘉却因为过于奔忙劳碌而"后院起火"：先是窃贼光顾宿舍将电脑等财物一掠而空；接着，一位送餐员工在送外卖途中出车祸；随后，又有一辆配送外卖的电动车被偷……

重重压力下，张旭豪不得不撤销热线电话和代店外送服务，让顾客与店家在网上自主下单和接单。

参加各种活动，获取创业资金

为了给网站造势，张旭豪不停地参加各种创业大赛，以扩充创业本金。2009 年 10 月，"饿了么"网站在上海慈善基金会和觉群大学生创业基金联合主办的创业大赛中，获得最高额度资助 10 万元全额贴息贷款。12 月，网站在欧莱雅大学生就业创业大赛上，获得 10 万元冠军奖金……通过创业竞赛，团队总共赢得了 45 万元创业奖金，获得资金的"饿了么"网站如鱼得水，到 2009 年年底，订餐平台已拥有 50 家餐厅进驻，日均订餐交易额突破万元。

为了网站的发展，张旭豪招来了网站技术总监汪渊，汪渊专门编写了一个小软件，可在校内 BBS 上给每个会员用户自动群发站内消息，其中规模最大的一次发了六万条。"饿了么"网站因此访问量大增。

不断创新，推出行业新标准

2010 年 5 月，网站 2.0 版本成功上线。"饿了么"不仅攻下华东师大，连附近紫竹科学园区也被纳入自己的"势力范围"，顾客群从大学生拓展到企业白领。仅隔一个月，"饿了么"就推出了超时赔付体系和行业新标准。2010 年 9 月，"饿了么"全上海版上线，合作餐厅超过千家，单月最高交易额达到了百万元。2010 年 11 月，手机网页订餐平台上线，订餐业务不仅覆盖了全上海，目标还直指杭州、北京等大城市。2011 年 3 月，"饿了么"注册会员已超过两万人，日均订单 3 000 份。

（资料来源：改编自《"饿了么"的创业故事》，https://www.sohu.com/a/137944655_278209，2017-05-03。）

模块一　发现创业机会

名人语录

青年是国家和民族的希望，创新是社会进步的灵魂，创业是推动经济社会发展、改善民生的重要途径。
——习近平

几个苍蝇咬几口，决不能羁留一匹英勇的奔马。
——伏尔泰

恢弘志士之气，不宜妄自菲薄。
——诸葛亮

发现创业机会

学习目标

(1)了解创业机会的基本知识。

(2)认识创业机会的识别和选择。

(3)掌握创业机会的评估和分析。

案例导入

偶然机会发现大商机

小林和妻子两人在北京三里屯卖菜。卖菜是件苦差事,小林每天凌晨就到蔬菜批发市场进货。一天,小林因为急事耽误了一点时间,等他到蔬菜批发市场时,品相好的蔬菜都已经被别人批发走了,小林只得批发了点个头较小、品相不好的蔬菜。

和小林预想的一样,那天小林的生意不好。然而,小林却惊奇地发现,虽然购买他的蔬菜的市民少了,外国人却意外地变多了。小林经过一番了解后发现,外国人认为那些品相较好的蔬菜是使用了植物生长调节剂,那些个头较小的蔬菜才是天然产品。于是,小林转变了卖菜的思路,将外国人作为目标顾客,专门批发一些个头比较小的蔬菜,逐渐积累了一批外国顾客。

有些外国人不方便到菜场买菜,就建议小林在外国人集中区域开一家蔬菜店。小林也觉得这个建议可行,但由于没有开店的资金,迟迟无法进行。小林的常客听说小林面临的问题后,给了小林一些资助,小林终于开始了自己的创业之路。现在小林已经开起了连锁店。

(资料来源:改编自《卖特色菜 发"老外"财》,载《农村新技术》,2012(12)。)

想一想:

卖菜的菜贩有很多,为什么别人没有发现这个商机呢?

知识学习

一、创业机会的概念及特征

1. 创业机会的概念

创业机会,是指在市场经济条件下,社会的经济活动过程中形成和产生的一种有利于企业经营成功的因素,是一种带有偶然性并能被经营者认识和利用的契机。

2. 创业机会的特征

《21 世纪创业》的作者杰弗里·蒂蒙斯教授提出，好的创业机会通常有以下四个特征。

(1)它很能吸引顾客。

(2)它能在商业环境中行得通。

(3)它必须在机会之窗存在的期间被实施，若竞争者已经有了同样的思想，并已把产品推向市场，那么机会之窗也就关闭了。

(4)创业者必须有资源(人、财、物、信息、时间)和技能才能开始创业。

创业机会主要有以下三个特征。

(1)普遍性。

凡是有市场、有经营的地方，客观上就存在着创业机会。创业机会普遍存在于各种经营活动过程中。

(2)偶然性。

对一个企业来说，创业机会的发现和捕捉带有很大的不确定性，任何创业机会的产生都有"意外"因素。

(3)消逝性。

创业机会存在于一定的时空范围之内，随着产生创业机会的客观条件的变化，创业机会就会相应地消逝和流失。

🎧 创业故事

小吸管里的大商机

吸管大王——楼仲平，初次进入日用品行业的时候，只是想赚点小钱，和别的从事小本买卖的老板一样，什么都卖。后来他发现锅碗瓢盆这些东西太多人卖了，赚不了几个钱。同时他捕捉到一个机会：吸管这个东西，天天有人用，但没看到几个厂家大批量生产，因为这东西生产起来很费劲(那时还需要半人工生产)，而且利润极低。于是他决定开一个工厂，专门生产吸管。一根小小的吸管，他生生用二十多年时间，做到全球超过三成的市场份额，毛利100%、净利22%，拥有全球2/3的吸管专利，全球吸管行业标准是他的公司主导发布的。

(资料来源：改编自《吸管大王不起眼的环节精心做》，载《现代营销·经营版》，2011(12)。)

二、创业机会的来源

(一)问题

机会并不意味着无须代价就能获得，许多成功的企业都是从解决问

笔记区

题起步的。

　　创业的根本目的是满足顾客需求，而顾客需求在没有满足前就是问题。寻找创业机会的一个重要途径是善于去发现和体会自己和他人在需求方面的问题或生活中的难处。

🎧 创业故事

问题与机会并存

　　通用汽车公司的总裁，曾经收到一个客户的投诉信，信里的内容看起来十分的荒诞，这个客户说，自己一向有用完晚餐后就吃冰激凌的习惯，最近买了通用的一辆汽车，结果每次买完香子兰冰激凌回来后，车子就发动不了，但是买其他种类的冰激凌又没事。这是什么原因呢？这位总裁虽然觉得事情很奇怪，但还是派了工程师过去查看。

　　这个工程师看了几天后，发现客户说的这种问题的确是存在的。于是他仔细地观察记录每一个数据，比如汽油型号、往返时间等。经过一段时间的仔细观察后果然有所发现，他发现客户买香子兰冰激凌时，往返的时间更短，因而推测可能是汽车引擎的冷却系统存在问题，在短时间内，这种问题最有可能暴露出来。后来，这个问题经过检测得到证实，引起了通用汽车公司的重视，不仅将这一辆汽车修好了，对其他的车也都做了技术改良。

　　通过找方法解决客户所投诉的问题，把问题转变为机会，不但没有因为问题而造成损失，反而使得通用汽车的功能更加完善。

　　（资料来源：改编自蒋骁飞：《看清本质》，载《作文新天地（初中版）》，2014 (1)。）

（二）变化

　　创业的机会大都产生于不断变化的市场环境，环境变化了，市场需求、市场结构必然发生变化。著名管理大师彼得·德鲁克将创业者定义为那些能"寻找变化，并积极反应，把它当作机会充分利用起来的人"。这种变化主要来自产业结构的变动、消费结构升级、城市化加速、思想观念的变化、政府政策的变化、人口结构的变化、居民收入水平提高、全球化趋势等方面。比如居民收入水平提高，私人轿车的拥有量将不断增加，这就会派生出汽车销售、修理、配件、清洁、装潢、二手车交易、陪驾等诸多创业机会。

（三）创造发明

　　创造发明提供了新产品、新服务，更好地满足顾客需求，同时也带来了创业机会。比如随着计算机的诞生，计算机维修、软件开发、计算机操作的培训、图文制作、信息服务、网上开店等创业机会随之而来，即使你不发明新的东西，你也能成为销售和推广新产品的人，从而给你带来商机。

（四）竞争

如果你能弥补竞争对手的缺陷和不足，这也将成为你的创业机会。看看你周围的公司，你能比他们更快、更可靠、更便宜地提供产品或服务吗？你能做得更好吗？若能，你也许就找到了机会。

（五）新知识、新技术的产生

世界产业发展的历史告诉我们，几乎每一个新兴产业的形成和发展都是技术创新的结果。随着社会文明和科学技术的不断进步，新科技应用在改变人们工作和生活的同时，也带来了新的市场机会。例如：通信技术的发展，使人们在家办公成为可能；网络教育的快速发展，使信息的获取和共享日益简便。

三、发掘创业机会的几种方式

（一）分析特殊事件来发掘创业机会

例如，美国一家高炉炼钢厂因为资金不足，不得不购置一座迷你型钢炉，而后竟然出现后者的获利率要高于前者的意外结果。再经分析，才发现美国钢品市场结构已产生变化，因此，这家钢厂就将往后的投资重点放在能快速反应市场需求的迷你炼钢技术。

（二）分析矛盾现象来发掘创业机会

例如，金融机构提供的服务与产品大多只针对专业投资大户，但占有市场七成资金的一般投资大众未受到应有的重视。这样的矛盾显示，提供一般大众投资服务的产品市场必将极具潜力。

（三）分析作业程序来发掘创业机会

例如，在全球生产与运筹体系流程中，就可以发掘极多的信息服务与软件开发的创业机会。

（四）分析产业与市场结构变迁的趋势来发掘创业机会

例如，在国营事业民营化与公共部门产业开放市场自由竞争的趋势中，我们可以在交通、电信、能源产业中发掘极多的创业机会。在政府刚推出的"互联网＋"经济方案中，也可以寻得许多新的创业机会。

（五）分析人口统计资料的变化趋势来发掘创业机会

例如，单亲家庭快速增加、妇女就业的风潮、老年化社会的现象、教育程度的变化、青少年国际观的扩展……这些必然会提供许多新的市场机会。

笔记区

(六)价值观与认知的变化来发掘创业机会

例如,人们对于饮食需求认知的改变,造就了美食市场、健康食品市场等新兴行业。

四、创业机会的识别和选择

(一)创业机会的识别

在通往成功创业的路上,如何识别创业机会是创业者首先要解决的问题。好的创业机会,必然具有特定的市场定位,专注于满足顾客需求,同时能为顾客带来增值的效果,创业需要机会,机会要靠发现。要想寻找到合适的创业机会,创业者应识别以下创业机会。

1. 现有市场机会和潜在市场机会

现有的市场机会是市场机会中那些明显未被满足的市场需求,往往发现者多,进入者也多,竞争势必激烈。潜在市场机会是那些隐藏在现有需求背后的、未被满足的市场需求,不易被发现,识别难度大,往往蕴藏着极大的商机。

2. 行业市场机会与边缘市场机会

行业市场机会是指在某一个行业内的市场机会,发现和识别的难度系数较小,但竞争激烈,成功的概率低。边缘市场机会是在不同行业之间的交叉结合部分出现的市场机会,处于行业与行业之间出现"夹缝"的真空地带,难以发现,需要有丰富的想象力和大胆的开拓精神,一旦开发,成功的概率也较高。

3. 目前市场机会与未来市场机会

目前市场机会是那些在目前环境变化中出现的机会。未来市场机会是通过市场研究和预测分析它将在未来某一时期内实现的市场机会。若创业者提前预测到某种机会的出现,就可以在这种市场机会到来前早做准备,从而获得领先优势。

4. 全面市场机会与局部市场机会

全面市场机会是指在大范围市场出现的未满足的需求,在大市场中寻找和发掘局部或细分市场机会,见缝插针,创业者就可以集中优势资源投入目标市场,有利于增强主动性,减少盲目性,增加成功的可能。局部市场机会则是在一个局部范围或细分市场出现的未满足的需求。

(二)创业机会的选择

在现实经济生活中,适合创业的机会并不是很多的。创业者需要借助"机会选择漏斗",经过一层又一层筛选,在众多机会中筛选出真正适合自己的创业机会。

一般而言,较好的创业机会大多有五个特点。

（1）在前景市场中，前5年的市场需求会稳步快速增长。

（2）创业者能够获得利用该机会所需的关键资源。

（3）创业者不会被锁定在"刚性的创业路径"上，而是可以中途调整创业的"技术路径"。

（4）创业者有可能创造新的市场需求。

（5）特定机会的商业风险是明朗的，且至少有部分创业者能够承受相应的风险。

然后就是要筛选出利己的创业机会。面对较好的创业机会，特定的创业者需要回答四个问题：一是创业者能否获得自己缺少但他人控制的资源；二是遇到竞争时，自己是否有能力与之抗衡；三是是否存在该创业者可能创造的新增市场；四是该创业者是否有能力承受利用该机会的各种风险。

五、创业机会的评估和分析

（一）创业机会的评估准则

所有的创业行为都来自绝佳的创业机会，创业团队与投资者均对创业前景寄予极高的期望，创业家更是对创业机会在未来所能带来的丰厚利润满怀信心。但是，时常有悲剧的发生。为了尽可能地避免这样的情况，创业者应该先以比较客观的方式进行评估，评估的准则有两种，市场评估准则和效益评估准则。

1. 市场评估准则

市场评估准则包括六方面。

（1）市场定位。评估创业机会的时候，可由市场定位是否明确、顾客需求分析是否清晰、顾客接触通道是否流畅、产品是否持续衍生等，来判断创业机会可能创造的市场价值，创业带给顾客的价值越高，创业成功的机会也越大。

（2）市场结构。对创业机会的市场结构进行五项分析：进入障碍；与供货商、顾客、经销商谈判的力量；替代性产品的威胁，市场内部竞争的激烈程度；该企业在未来市场中的地位；可能遭遇竞争对手反击的程度。

（3）市场规模。市场规模大者，进入障碍相对较低，市场竞争激烈程度也会略为下降。若要进入的是一个十分成熟的市场，那么利润空间会很小，不值得再进入；若是一个成长中的市场，只要时机正确，必然会有获利的空间。

（4）市场渗透力。对于一个具有巨大市场潜力的创业机会，市场渗透力评估是非常重要的。应该选择在最佳的时机进入市场，也就是市场需求正要大幅增长之际。

（5）市场占有率。一般而言，成为市场的领导者，最少需要拥有

笔记区

20%以上的市场占有率。尤其是处在具有赢家通吃特点的高科技产业，新企业必须拥有成为市场前几名的能力，才比较有投资价值。

(6)产品的成本结构。从物料与人工成本所占比重的高低、变动成本与固定成本的比重，以及经济规模产量的大小，可以判断企业创造附加价值的幅度以及未来可能的获利空间。

2. 效益评估准则

效益评估准则包括以下四方面。

(1)合理的税后净利。一般而言，具有吸引力的创业机会，至少需要能够创造15%以上税后净利。如果创业预期的税后净利是在5%以下，那么这就不是个很好的投资机会。

(2)达到损益平衡所需的时间。合理的损益平衡时间应该在两年之内，如果三年还达不到损益平衡，恐怕就不是个值得投入的创业机会了。当然，有的创业机会确实需要经过比较长的耕耘时间，通过前期投入，创造进入障碍，保证后期的持续获利，这样的情况可将前期投入视为投资，才能容忍较长的损益平衡时间。

(3)投资回报率。考虑到创业面临的各种风险，合理的投资回报率应该在25%以上，而若投资回报率为15%以下，那么这不是很值得考虑的创业机会。

(4)资本需求。资本需求量较低的创业机会，投资者一般会比较欢迎，资本额过高其实并不利于创业成功，甚至还会带来稀释投资回报率的负面效果。通常，知识越密集的创业机会，对资金的需求量越低，投资回报反而会越高。因此在创业开始的时候，不要募集太多资金。

(二)创业机会的评估方法

大卫·贝奇教授在《创业学》中提到四种评价创业机会价值的方法：标准打分矩阵、Westing House法、Hanan Potentionmeter法、Baty的选择因素法。

1. 标准打分矩阵

这种方法是准备创业者通过选择对创业机会成功有重要影响的因素，并由专家小组对每一个因素进行极好、好、一般三个等级的打分，最后求出每个因素在各个创业机会下的加权平均分，从而可以对不同的创业机会进行比较。

2. Westing House法

这种方法实际上是用计算评价和比较各个机会的优先级，公式如下：

$$\frac{技术成功概率 \times 商业成功概率 \times (价格-成本) \times 投资生命周期}{总成本} = 机会优先级$$

3. Hanan Potentionmeter法

这种方法可以通过让创业者填写针对不同因素的不同情况，预先设定好权值的选项式问卷的方式来快捷地得到特定创业机会的成功潜力指标。对于每个因素来说，不同选项的得分可以为－2～2分。将所有因素得分加总得到最后的分值，总分越高说明特定创业机会成功的潜力越高。只有那些最后得分高于15分的创业机会才值得创业者进行下一步的策划，低于15分的都应被淘汰（见表4-1）。

表 4-1 Hanan Potentionmeter 法评价表

因素	分值（－2～2）/分
1. 对税前投资水平的贡献	
2. 预期的年销售额	
3. 生命周期中预期的成长阶段	
4. 从创业到销售额高速增长的预计时间	
5. 投资回报期	
6. 占有领先地位的潜力	
7. 商业周期的影响	
8. 为产品定制高价的潜力	
9. 进入市场的容易程度	
10. 市场实验的时间范围	
11. 对销售人员的要求	

4. Baty 的选择因素法

这种方法是创业者通过对 11 个选择因素的设定来对创业机会进行判断，如果某个创业机会只符合其中 6 个或更少的因素，那么该创业机会就很可能不可取；相反，机会就很大（见表4-2）。

表 4-2 Baty 的选择因素法的 11 个因素

因素	是否符合
1. 这个创业机会在现阶段是否只有你一个人发现	
2. 初始的产品生产成本是否可以承受	
3. 初始的市场开发成本是否可以接受	
4. 产品是否具有高利润回报的潜力	
5. 是否可以预期产品投放市场和达到盈亏平衡点的时间	
6. 潜在的市场是否巨大	
7. 产品是否属于一个高速成长的产品家族中的第一个成员	
8. 是否拥有一些现成的初始客户	
9. 是否可以预期产品的开发成本和开发周期	
10. 是否处于一个成长中的行业	
11. 金融界是否能够理解你的产品和顾客对它的需求	

笔记区

笔记区

六、创业者应考虑的具体条件

不同的人有不同的条件，因此创业者应根据自身的各种特性来分析是否应该踏上创业的路，以及判断选择的这个创业方向是否适合自己。具体主要看以下几方面。

(1)进入的产业。创业者进入的产业应当是已经处于上升期，但还没完全达到大规模发展阶段，处于下降期的产业说明进入的企业已经太多，竞争激烈，几乎都是以规模效应来竞争的环境了。

(2)应当选择自己具有优势的领域进入。例如，有现成客户或拥有技术等。

(3)资金。每个领域需要的资金投入都各自不同，但是如果是自己白手起家，又无任何足以打动风险投资人的项目的话，那么最好不要选择。

(4)人力资源。创业者自己可能不具备所有资源，所以需要合作者来弥补。初创公司在员工的选择上其实与合作者是很相似的。

(5)投资人的选择。别人给你钱都是有代价的，他的目的是从你身上赚到更多的钱，而创业者也该选择对自己最有利的投资人。投资人不仅要能给你钱，还要能够给你的企业带来更多的品牌提升、更多的业务、更好的管理，这样才有利于自己的创业。

七、市场蓝海与蓝海战略

(一)蓝海与红海的概念

所谓的蓝海，指的是未知的市场空间；红海则是指已知的市场空间。企业要启动和保持获利性增长，就必须超越产业竞争，开创全新市场，这其中一方面是突破性增长业务(旧市场新产品或新模式)，另一方面是战略性新业务开发(创造新市场、新细分行业甚至全新行业)。一般进入市场面临的选择是在蓝海中开辟新的道路或在红海中杀出一条血路。

(二)什么是蓝海战略

蓝海战略是由欧洲工商管理学院的 W. 钱·金和莫博涅提出的。

蓝海战略认为，聚焦于红海等于接受了商战的限制性因素，即在有限的土地上求胜，却否认了商业世界开创新市场的可能。运用蓝海战略，视线将超越竞争对手移向买方需求，跨越现有竞争边界，将不同市场的买方价值元素筛选并重新排序，从给定结构下的定位选择向改变市场结构本身转变。

蓝海以战略行动作为分析单位，战略行动包含开辟市场的主要业务项目所涉及的一整套管理动作和决定，有人在研究了1880—2000 年 30多个产业 150 次战略行动的基础上，指出价值创新是蓝海战略的基石。

价值创新挑战了基于竞争的传统教条，即价值和成本的权衡取舍关系，让企业将创新与效用、价格与成本整合一体，不是比照现有产业最佳实践去赶超对手，而是改变产业近况，重新设定游戏规则；不是瞄准现有市场"高端"或"低端"顾客，而是面向潜在需求的买方大众；不是一味细分市场满足顾客偏好，而是合并细分市场整合需求。

一个典型的蓝海战略例子是太阳马戏团，在传统马戏团受制于"动物保护""马戏明星供方砍价"和"家庭娱乐竞争买方砍价"而萎缩的马戏业中，从传统马戏的儿童观众转向成年人和商界人士，以马戏的形式来表达戏剧的情节，吸引人们以高于传统马戏数倍的门票来享受这项前所未见的娱乐。

（三）蓝海战略六项原则

蓝海战略原则包括四项战略制订原则和两项战略执行原则。四项战略制订原则：重建市场边界、注重全局而非数字、超越现有需求、遵循合理的战略顺序；两项战略执行原则：克服关键组织障碍、将战略执行变成战略的一部分。

1. 重建市场边界

从硬碰硬的竞争到开创蓝海，使用六条路径重建市场边界。

（1）产业：跨越他择产业看市场

红海思维：人云亦云为产业定界，并一心成为其中最优。

蓝海观点：一家企业不仅与自身产业对手竞争，而且与替代品或服务的产业对手竞争。

（2）战略集团：跨越产业内不同的战略集团看市场

红海思维：受制广为接受的战略集团概念，并努力在集团中技压群雄。

蓝海观点：突破狭窄视野，搞清楚什么因素决定顾客选择，例如高档和低档消费品的选择。

（3）买方群体：重新界定产业的买方群体

红海思维：只关注单一买方，不关注最终用户。

蓝海观点：买方是由购买者、使用者和施加影响者共同组成的买方链条。

（4）产品或服务范围：跨越互补性产品和服务看市场

红海思维：雷同方式为产品服务的范围定界。

蓝海观点：互补性产品或服务蕴含着未经发掘的需求，简单的方法是分析顾客在使用产品之前、之中、之后都有哪些需要。

（5）功能情感导向：跨越针对卖方的产业功能与情感导向

红海思维：接受现有产业固化的功能情感导向。

笔记区

蓝海观点：市场调查反馈的往往是产业教育的结果，企业挑战现有功能与情感导向能发现新空间，如果在情感层竞争，可否去除哪些元素使之功能化？反之亦然。

(6)时间：跨越时间参与塑造外部潮流

红海思维：制订战略只关注现阶段的竞争威胁。

蓝海观点：从商业角度洞悉技术与政策潮流如何改变顾客获取的价值，如何影响商业模式。

2. 注重全局而非数字

一个企业永远不应将其眼睛外包给别人，伟大的战略洞察力是走入基层、挑战竞争边界的结果。蓝海战略建议绘制战略布局图将一家企业在市场中现有战略定位以视觉形式表现出来，开启企业组织各类人员的创造性，把视线引向蓝海。

3. 超越现有需求

通常，企业为增加自己的市场份额努力保留和拓展现有顾客，常常导致更精微的市场细分，然而，为使蓝海规模最大化，企业需要反其道而行，不应只把视线集中于顾客，还需要关注非顾客。不要一味通过个性化和细分市场来满足顾客差异，应寻找买方共同点，将非顾客置于顾客之前，将共同点置于差异点之前，将合并细分市场置于多层次细分市场之前。

4. 遵循合理的战略顺序

遵循合理的战略顺序，建立强劲的商业模式，确保将蓝海创意变为战略执行，从而获得蓝海利润，合理的战略顺序可以分为四个步骤：买方效用、价格、成本、接受。

5. 克服关键组织障碍

企业经理们证明执行蓝海战略的挑战是严峻的，他们面对四重障碍：一是认知障碍，沉迷于现状的组织；二是有限的资源，执行战略需要大量的资源；三是动力障碍，缺乏有干劲的员工；四是组织政治障碍，来自强大既得利益者的反对，防止"在公司中还没有站起来就被人撂倒了"。

6. 将战略执行变成战略的一部分

执行蓝海战略，企业最终需要求助于最根本的行动基础，即组织基层员工的态度和行为，必须创造一种充满信任和忠诚的文化来鼓舞人们认同战略。当人们被要求走出习惯范围改变工作方式时，恐慌情绪便会增长，他们会猜测这种变化背后的真正理由是什么。

员工距离高层越远就越不容易参与战略创建，也就越惴惴不安，不考虑基层思想和感受，将新战略硬塞给基层员工就会引起反感情绪。要想在基层建立信任与忠诚，鼓舞资源合作，企业需要将战略执行建成战略的一部分，需要借助公平过程来制订和执行战略。

八、研究市场动向

能够自己去识别和选择创业机会，根据自己的具体情况找到适合的创业方向，明确了想做什么和能做什么以后，这还不够，还要研究市场。市场需求是客观的，所能够做到的事是主观的，主观只有和客观一致起来，才能变成现实，才能有效益。

1. 研究大家都在做什么

不妨先向做得好的人虚心学习，学习他们经营的长处，摸清一些做生意的门道，积累必要的经验与资金。学习此行业的知识和技能，体会他们经营的不足之处，在自己创业的时候力争改进。

2. 研究自己家庭生活经常需要什么商品和服务

研究大众需求可以从自己的家庭需要开始，首先研究家里每天什么东西消耗得最多。普通老百姓衣食住行的日常需要是稳定而广阔的市场。

3. 研究当前及今后一段时间的社会热点和公众话题

对精明的商人来说，热点就是商机，就是挣钱的项目和题材。抓住热点、掌握题材、独具匠心，就能挣钱。同时，注意潜在热点的预测和发现，在热点没有完全热起来之前，就有所发现，有所准备，在别人没有发现商机时，能发现商机，就更胜一筹。

4. 研究社会难点，关注社会焦点

只要用心看，就会发现身边有这样那样的小难点，看看能做什么来解决这些"麻烦"，这就是个商机。

5. 研究市场的地区性差异

不同的地区需要不同的产品和市场，地理因素的限制会带来不同地区之间的市场差异。市场的地区性差异是永远存在的，关键在于能不能发现，发现差异并做缩小差异的工作，就是在满足市场需求，就是挣钱之道。

6. 研究因生活节奏变化而产生的市场需求

现代生活节奏越来越快，越来越多的人接受了"时间就是生命""时间就是金钱"的价值观念。快节奏的生活方式必然会产生新的市场需求，用金钱购买时间，是现代都市人的时髦选择。精明的生意人就会看到这一点，做起了各种各样适应人们快节奏生活需求的生意。

笔记区

笔记区

模块二　规避创业风险

名人语录

创新作为企业发展和市场制胜的关键，核心技术不是别人赐予的，不能只是跟着别人走，而必须自强奋斗、敢于突破。

——习近平

要有自信，然后全力以赴。假如具有这种观念，任何事情十之八九都能成功。

——威尔逊

真正的勇士敢于直面惨淡的人生，敢于正视淋漓的鲜血。　——鲁迅

学习目标

(1)了解创业风险的基本知识。

(2)认识大学生创业风险的成因。

(3)掌握大学生创业风险的防范措施。

案例导入

许小姐能做老板吗？

许小姐一门心思想做老板。经过 8 年的努力工作和省吃俭用积攒了一笔资金，其中 10 万元做了注册资金，5 万元作为流动资金。她认为，个人创业必须有丰富的工作经验。所以在过去的工作中，她总是分内分外的事全都抢着干，从不计报酬。尤其是经营方面的事，她更是竖着耳朵听，目的就是多学点本事，为自己开公司做准备。另外，她认为个人创业必须有一个好的项目。她选择了一个当时的朝阳项目——房地产租赁咨询。

在办齐所有手续后，她勤勤恳恳努力工作，但她怎么也没想到，最初的 3 个月几乎没有生意，直到第 6 个月才稍有收入，可生意很不稳定，半年来，她赔了 3 万元。她认为做生意不应该是赌博，肯定是哪里弄错了，不能等到这 15 万元都赔光的时候才行动。为了弄明白问题到底出在哪里，第 7 个月的时候，许小姐关掉了公司。

想一想：

(1)通过阅读上面的案例，你觉得许小姐创业失败的主要原因是

什么？

（2）小型企业在创业初期，创业者应该做些什么准备，才能规避风险？

知识学习

一、创业风险的概念

创业过程就是创业机会、创业资源和创业团队之间寻求适当的配置的动态平衡过程，但随着时空的变迁、机会模糊、市场不确定性、资本市场风险及外在环境等因素的冲击，这三个要素也会因为相对地位的变化而产生失衡的现象，这种失衡现象称为创业风险。

一般从两个角度理解风险，一是强调风险表现为结果的不确定性，二是强调损失的不确定性。前者属于广义上的风险，说明未来利润多寡的不确定性；后者属于狭义上的风险，只能表现为损失，没有获利的可能性。

风险的核心含义是，未来结果的不确定性或损失。如果采取适当的防范策略使破坏或损失的概率不会出现，或者说在理性判断的基础上，继而采取及时而有效的防范措施，那么风险也可能带来机会。由此进一步延伸风险的意义，不仅仅是规避了风险，可能还会带来比例不等的收益。这就是为什么有时候风险越大，回报越高。因此如何判断风险、选择风险、规避风险，继而运用风险，在风险中寻求机会，创造收益，意义将更加深远而重大。

创业风险种类繁多，贯穿并交织于整个创业过程，但是这些风险具有一些共同的特征。

1. 客观性

创业本身就是一个识别风险和应对风险的过程，风险的出现是不以人的意志为转移的，所以创业风险的存在是客观的。

2. 不确定性

由于创业所依赖和影响的因素具有不确定性，这些因素是不断变化、不断发展甚至是难以预料的，因此造成了创业风险的不确定性。

3. 双重性

创业有成功和失败两种可能性，创业风险则具有盈利或亏损的双重性。

4. 可变性

随着影响创业因素的变化，创业风险的大小、性质和程度也会发生变化。

5．可识别性

根据创业风险的特征和性质，创业风险是可以被识别和划分的。

6．相关性

创业风险与创业者的行为紧密相连。同一风险，采取不同的对策，将会出现不同的结果。

二、创业风险的分类

（一）按创业风险产生的原因划分

按风险产生的原因进行划分，企业风险可分为主观创业风险和客观创业风险。

1．主观创业风险

主观创业风险，是指在创业阶段，由于创业者的身体与心理素质等主观方面的因素导致创业失败的可能性。

2．客观创业风险

客观创业风险，是指在创业阶段，由于客观因素导致创业失败的可能性，如市场的变动、政策的变化、竞争对手的出现、创业资金缺乏等。

（二）按创业风险产生的内容划分

按风险产生的内容划分，创业风险可分为技术风险、市场风险、政治风险、管理风险、生产风险和经济风险。

1．技术风险

技术风险是指由于技术方面的因素及其变化的不确定性而导致创业失败的可能性。

2．市场风险

市场风险是指由于市场情况的不确定性导致创业者或创业企业损失的可能性。

3．政治风险

政治风险是指由于战争、国际关系变化或有关国家政权更迭、政策改变而导致创业者或企业蒙受损失的可能性。

4．管理风险

管理风险是指因创业企业管理不善产生的风险。

5．生产风险

生产风险是指创业企业提供的产品或服务从小批试制到大批生产的风险。

6．经济风险

经济风险是指由于宏观经济环境发生大幅度波动或调整而使创业者或创业投资者蒙受损失的风险。

(三)按创业风险对资金的影响程度划分

按风险对所投入资金即创业投资的影响程度划分，创业风险可分为安全性风险、收益性风险和流动性风险。创业投资的投资方包括专业投资者与投入自身财产的创业者。

1. 安全性风险

安全性风险是指从创业投资的安全性角度来看，不仅预期实际收益有损失的可能，而且专业投资者与创业者自身投入的其他财产也可能蒙受损失，即投资方财产的安全存在危险。

2. 收益性风险

收益性风险是指创业投资的投资方的资本和其他财产不会蒙受损失，但预期实际收益有损失的可能性。

3. 流动性风险

流动性风险是指投资方的资本、其他财产及预期实际收益不会蒙受损失，但资金有可能不能按期转移或支付，造成资金运营的停滞，从而使投资方蒙受损失的可能性。

(四)按创业过程划分

按创业过程划分，创业风险可分为机会的识别与评估风险、准备与撰写创业计划风险、确定并获取创业资源风险和新创企业管理风险。创业活动须经历一定的过程，一般而言，可将创业过程分为四个阶段：识别与评估机会、准备与撰写创业计划、确定并获取资源、新创企业管理。

1. 识别与评估机会风险

识别与评估机会风险，指在机会的识别与评估过程中，由于各种主客观因素，如信息获取量不足、把握不准确或推理偏误等使创业一开始就面临方向错误的风险。另外，机会风险的存在，既是由于创业而放弃了原有的职业所面临的机会成本风险，也是该阶段存在的风险之一。

2. 准备与撰写创业计划风险

准备与撰写创业计划风险，指创业计划的准备与撰写过程带来的风险。创业计划往往是创业投资者决定是否投资的依据，因此创业计划是否合适将对具体的创业产生影响。创业计划制订过程中各种不确定性因素与制订者自身能力的限制，也会给创业活动带来风险。

3. 确定并获取资源风险

确定并获取资源风险，指由于存在资源缺口，无法获得所需的关键资源，或即使可获得，但获得的成本较高，从而给创业活动带来一定风险。

4. 新创企业管理风险

新创企业管理风险，主要包括管理方式，企业文化的选取与创建，

笔记区

发展战略的制订，组织、技术、营销的管理等各方面存在的风险。

（五）按创业与市场和技术的关系划分

按创业与市场和技术的关系划分，创业风险可分为改良型风险、杠杆型风险、跨越型风险和激进型风险。

1. 改良型风险

改良型风险，是指利用现有的市场、现有的技术进行创业所存在的风险。这种创业风险最低，经济回报有限，即风险虽低，但要想生存和发展、获取较高的经济回报也比较困难。一方面会遭遇已有市场竞争者的排斥或进入壁垒的限制，另一方面是即便进入，想要占有一定的市场份额也非常困难。

2. 杠杆型风险

杠杆型风险，是指利用新的市场、现有的技术进行创业存在的风险。该风险稍高，对一个全球性公司来说，这种风险往往是地理上的，常见于挖掘未开辟的市场，如彩电行业，利用原有技术进入农村市场。

3. 跨越型风险

跨越型风险，是指利用现有市场、新的技术进行创业存在的风险。该风险稍高，主要体现在创新技术的应用方面，往往反映了技术的替代，是一种较常见的情况，常见于企业的二次创业。领先者可获得一定的竞争优势，但模仿者很快就会跟上。

4. 激进型风险

激进型风险，是指利用新的市场、新的技术进行创业存在的风险。该风险最大，如果市场很大，可能会带来巨大的机会，对于第一个行动者而言，其优势在于竞争风险较低，但是知识产权保护力度很弱，市场需求不确定，且在确定产品性能方面有很大的风险。

（六）按创业中技术因素、市场因素与管理因素的关系划分

按创业中技术因素、市场因素与管理因素的关系划分，创业风险可分为技术风险、市场风险和代理风险。

这三类风险之间相互作用，使得创业企业在运作的各个层面上的诸多因素的不确定性更加复杂，并且在创业企业不同的发展阶段上，各因素的风险性质也将产生一定的变化。

经典案例

乔布斯的创业史

学生时代的乔布斯聪明、顽皮、肆无忌惮，常常喜欢别出心裁地搞出一些令人啼笑皆非的恶作剧。当时，乔布斯就生活在著名的硅谷附近，邻居都是硅谷元老——惠普公司的职员，在这些人的影响下，乔布斯从

小就很迷恋电子学。

在上初中时，乔布斯在一次同学聚会上，与比他年长5岁的沃兹见面了。沃兹是学校电子俱乐部的会长，对电子也有很大的兴趣。两人一见如故，乔布斯常常与沃兹一道，在自家的小车库里琢磨计算机。他们梦想着能够拥有一台自己的计算机，可是当时市面上卖的都是商用的，且体积庞大，极其昂贵，于是，他们准备自己开发。

他们设计了一个电路板，将6502微处理器和接口及其他一些部件安装在上面，通过接口将微处理机与键盘、视频显示器连接在一起，仅仅几个星期，电脑就装好了。

1976年愚人节那天，乔布斯、沃兹及乔布斯的朋友龙·韦恩做了一件影响后世的事情：他们三人签署了一份合同，决定成立一家计算机公司。公司的名称由偏爱苹果的乔布斯一锤定音，称为苹果。

1977年4月，美国有史以来的第一次计算机展览会在西海岸开幕了。为了在展览会上打出名声，乔布斯四处奔走，花费巨资，在展览会上弄到了最大最好的摊位。更引人注目的当然是苹果Ⅱ号样机，它一改过去个人电脑沉重粗笨、设计复杂、难以操作的形象，以小巧轻便、操作简便和可以安放在家中使用等鲜明特点，紧紧抓住了观众的心。几千名用户涌向展台，观看、试用，订单纷纷而来。

然而，成功来得太快，过多的荣誉背后是强烈的危机，由于乔布斯经营理念与当时大多数管理人员不同，加上蓝色巨人IBM公司也开始醒悟过来，也推出了个人电脑，抢占大片市场，使得乔布斯新开发出的电脑节节失利，总经理和董事们便把这一失败归罪于董事长乔布斯，1985年4月，经由董事会决议撤销了他的经营大权。乔布斯几次想夺回权力均未成功，便在1985年9月17日愤而辞去苹果公司董事长。

1996年12月17日，此时的乔布斯，正因其公司（现皮克斯）成功制作第一部电脑动画片《玩具总动员》而名声大振，个人身价已暴涨逾10亿美元；而相比之下，苹果公司却已濒临绝境。

乔布斯于苹果危难之际重新归来，苹果公司上下皆十分欢欣鼓舞。受命于危难之际，乔布斯果敢地发挥了首席执行官的权威，大刀阔斧地进行改革。他首先改组了董事会，接着推出了新的电脑。新产品重新点燃了苹果机拥戴者们的希望。在乔布斯的改革下，"苹果"终于实现盈利。

乔布斯成功的秘诀是对电脑从痴迷到挚爱，是努力的执着，是不断地创新。

（资料来源：改编自《乔布斯的创业史有多艰辛？》，http://www.360doc.com/content/17/1025/13/12044557_697977721.shtml，2017-10-25。）

笔记区

笔记区

三、大学生创业风险分析

风险是指在一定条件下和一定时期内，由于各种结果发生的不确定性而导致行为主体遭受损失的大小以及这种损失发生可能性的大小。创业风险是指在企业创业过程中存在的风险，属于风险的一个分支，是指由于创业环境的不确定性、创业机会与创业企业的复杂性，创业者、创业团队与创业投资者的能力与实力的有限性而导致创业活动偏离预期目标的可能性。

大学生创业既存在着一般的创业风险，同时大学生作为创业的一个特殊群体，受教育背景、社会环境与创业政策的影响，又具有与众不同的特征。

大学生创业存在的风险主要体现在机会风险、资金风险、技能风险、资源风险、管理风险以及环境风险六方面。

(一)机会风险

创业的机会风险是指创业者能否在选择创业项目时作出正确的决定，抓住正确的方向。同时，也会存在由于创业而放弃了原有的学业所面临的机会成本风险，或者选择创业就放弃了就业的选择，也是该阶段存在的风险，构成机会成本风险。

(二)资金风险

资金风险是指因资金不能适时地筹集和供应而导致创业失败的可能性。可以说，资金风险贯穿在创业活动的整个过程。当今社会，空手套白狼的创业奇迹越来越少，如果没有足够的流动资金，很可能会导致在创业初期就遭遇失败，资金风险是创业前期的普遍"命门"。大学生更是缺乏财务分析，在资金管理上表现出明显的不足，相当多的大学生创业企业会在创办初期因资金紧缺而严重影响业务的拓展，甚至错失商机而不得不关门大吉。

(三)技能风险

大学生从象牙塔走出来，还未实现由学校人向社会人的完全转变，由于年龄、阅历、心理等与有社会经验的人相比处于劣势。创业本身是一个复杂的系统工程，市场不会因为创业者是学生就网开一面，在单纯的校园环境中成长起来的大学生，在面对社会和市场时，比有社会经验的人更容易迷失和迷茫，思考问题理想化，对困难估计不足。同时，大学生还缺乏创业必备的知识和能力，不了解创业的相关政策法规。大学生创业基本技能的匮乏直接影响创业成功。

(四)资源风险

这里所说的资源风险主要是由于社会资源贫乏而产生的风险。大学生创办企业、市场开拓、产品或服务宣传等工作都需要调动社会资源。但是大学生在校期间进行的创业策划所利用的社会资源相对较少，有老师、同学的帮助支持，无须太多宣传公关。当走入社会实施创业时，在宣传广告、市场营销、工商税务、融资租赁、生产服务等方面将会遇到很多挫折和困难，耗费很大精力。

（五）管理风险

由于长期接受应试教育，不熟悉经营"游戏规则"，一些大学生创业者虽然在技术上出类拔萃，但财务、营销、采购、广告、管理等方面的能力普遍不足。大学生有理想与抱负，但初涉商场，知识单一，又缺乏实践经验，往往出现决策随意、信息不通、理念不清、用人不当的情况，对具体的市场开拓缺乏相关的经验与知识。在这种情况下，大学生创业就会遇到各种不可预见的问题，很可能会使创业者犯一些低级错误，导致创业困难。

（六）环境风险

环境风险是指在创业过程中由于环境发生变化而给创业带来的利益损失。这一风险也贯穿在创业的过程中，但在中、后期的表现更为突出，一旦发生，可能给企业带来致命的打击。特别是高技术产品的创新活动，由于所处的社会、政治、政策、法律环境变化，或由于意外灾害发生而造成失败的可能性更大，而且对这种变化，创业者自身是无法改变的。

📖 拓展阅读

创业者应该怎么理解机会和风险

顺为资本投资合伙人周航，曾经是易到用车的创始人，在离开易到用车之后，他完成了从创业者到投资人的转变。在艾瑞峰会上，周航结合自身的经验，分享了他对机会和风险的看法。他认为，我们要避免共识性的风险，应该去追求分歧性的红利。

周航说，作为创业者，在面对媒体和投资人的时候，都想表现出最好的那一面，但其实创业者很清楚公司的问题出在哪里。而在投资人看来，创业公司也都是问题，投资人眼里没有完美的公司和完美的项目。这些都对，但周航认为，不管是风险还是机会，都可以从另一个角度看，那就是只要机会足够大，就没有不值得冒的风险。承担风险就是投资人获得利益的前提，所以，投资人其实要判断的是，对应的风险机会背后的价值到底有多大。

从机会的角度来说，不确定性带来的红利，是周航最愿意看到的机会。不管是一家公司，还是一个项目，如果产生了高度的"分歧"，周航

笔记区

笔记区

就觉得机会来了。尤其是早期项目，当别人都看不好时，创业者却洞见了若隐若现的希望而笃信未来；或者，创业者就是愿意选择相信不确定性，愿意去做，哪怕没看明白也愿意，这时候往往会出现大的机会。

那什么是风险呢？周航认为，太相信确定性，就会产生风险。当大家对一个项目或者一个公司有了高度共识，全社会都在关注，整个朋友圈都在点赞，这时候创业者会觉得公司已经成了。由于大家一致看好，项目的估值开始溢价，甚至出现了投资人经常争抢投资份额的情况。人们在面对这种机会时，就会放弃风险意识，争着把钱投过去，这时候往往会形成满盘皆输的局面。

总之，周航认为，要避免共识性的风险，应该去追求分歧性的红利。不要害怕公司有问题，投资其实就是与风险共舞。只要机会足够大，就可以冒足够大的风险。

（资料来源：改编自《创业者应该怎样理解机会和风险》，https://mini. eastday. com/bdmip/180613143142444.html，2018-06-13。）

四、大学生创业风险成因分析

从外部环境来看，职业精神和道德秩序的缺失是形成创业风险的前提。一个成熟的、健康的竞争生态圈，不是简单地在政府所提供的若干法律、法规的框架内追求利益，它更应该体现为法律与道义传统、社会行为规范的整体协调。

从内部环境来看，创业者决策的独断和无制约；企业盲目地扩张和多元化；创业者一夜暴富的投机性；以及内部管理不善，创办人缺少必要的经营企业的经验，财务上没有遵循审慎原则；错把"人材"当人才等一系列的问题，使得创业者时时有风险、处处有风险。

从大学生创业者自身来看，大学生创业中容易出现以下情况。

第一，眼高手低，盲目乐观。比尔·盖茨的神话，使IT业、高科技业成为大学生眼中的创业金矿，以至于不少学生不屑于从事服务业或技术含量较低的行业。大学生如果对自身经验和能力认识不足，对创业的期望值又过高，一开始就起点较高，很容易失败。

第二，纸上谈兵，经验不足。缺乏经验是目前大学生创业中普遍存在的问题，不少大学生创业者不习惯对其产品或项目做市场调查，而是进行理想化的推断。

第三，单打独斗，缺乏合作。在强调团队合作的今天，创业者想靠单打独斗获得成功的概率已大大降低。团队精神已成为不可或缺的创业素质，风险投资商在投资时更看重有合作能力的创业团队。如今大学生一般都有个性，自信心较强，在创业中常常自以为是、刚愎自用，这些都影响了创业的成功率。

🎧 创业故事

夏乾良的创业神话

夏乾良在高三毕业的时候，找了 20 多名初中的同学，组成小团队做起了家教，赚了自己的第一桶金。在大一的时候，他和老同学筹划建立了咨询公司，开始了家教业务，从中学到了如何管理一个团队。因为团队成员的一句玩笑，他又开始了自己出教辅的历程，首批 5 000 本英语教辅销售一空，短短半年取得了 10 多万元的净利润。现在，夏乾良在短短几年的时间里组建了一个学生团队，一手打造了一个"从百元到百万元"的创业神话，不过他并不满足，又在计划成立进修学校。

（资料来源：改编自红健：《大学生开家教公司 半年狂赚 10 多万》，载《生意经（经营金版）》，2013(1)。）

笔记区

五、大学生创业风险防范措施

风险的存在是必然的。面对风险，邓小平同志曾多次鼓励我们要克服畏难情绪和惧怕心理，胆子要大，步子要稳，要迎着风险，迎着困难上。他指出："搞改革完全是一件新的事情，难免会犯错误，但我们不能怕，不能因噎废食，不能停步不前。""没有一点闯的精神，没有一点'冒'的精神，没有一股气呀、劲呀，就走不出一条好路，走不出一条新路，就干不出新的事业。"

（一）大学生自身素质的提升

大学生创业所存在的风险往往是由大学生这个特殊的群体在创业过程中具有的劣势造成的，因此想要规避风险，就必须从实际出发，提升大学生自身能力，具备各项创业所需的技能与素质。分析众多大学生创业成功的案例，他们成功创业可以归因于以下几方面的能力：创新能力、策划能力、组织能力、领导能力、管理能力以及公关能力。只有这几方面的能力同时具备，大学生在创业中才能技高一筹，降低失败的概率。

（二）准备好创业必备的硬件

俗话说："巧妇难为无米之炊。"没有充分的硬件准备，再好的创意也难以转化为现实的生产力，再优秀的人才也没有用武之地。大学生创业所需要具备的硬件主要是经验、资本和技术。经验的积累避免陷进眼高手低、纸上谈兵的误区；资金为成功创业建立物质基础；技术则是大学生想要在高科技领域占有一席之地的王牌。

（三）进行风险意识教育

各高校可以有计划地开设有关创业风险的课程。通过实际案例理性

笔记区

分析创业活动的复杂性，让大学生能够清醒地认识到创业历程中存在的风险，以及如何防范和应对创业过程中的危机，指导大学生在创业前期、创业当中如何对待和化解创业风险，促进大学生进行创业能力的自我培养和技能的提高。

（四）了解政策和相关法律

近年来，为支持大学生创业，国家各级政府出台了许多优惠政策，了解这些政策，能走好创业的第一步。同时应该要学习相关的法律知识，如工商注册登记、经济合同和税务等法律知识。这些是大学生创业过程必备的知识。只有懂法、守法，并依据法律保护自己的合法权益，才能确保大学生们的创业行动稳健与长久。

（五）创业不同阶段应注意的问题

当然，真正实际操作进行创业时，无论是在创业前期的准备、创业中期的运行还是创业后期的完善也都有许多问题需要注意。在创业前期，要谨慎选择项目，避免盲目跟风，合理组建团队，避开熟人搭伙，注重实践磨炼，回避准备不足。在中期要强化内部管理，培养骨干队伍，积极参与竞争，杜绝急功近利，加强内涵建设，创立品牌形象。在创业后期，面对守业的艰巨任务，要懂得建立激励机制，凝聚创新人才，尝试权力授予，完善组织架构，逐步合理扩张规模，健全制约机制。如此，才能算得上成功创业。

📖 拓展阅读

大学生网上创业的机会和风险分析

作为一种新的创业方式，网上创业一方面拥有国家政策的支持和巨大的市场空间，拥有成本低廉和营销方便的经营优势。另一方面它也面临竞争激烈、物流成本高、法律和信用环境欠佳、网络安全等风险。要想网上创业成功，创业者应有正确的心态和准确的市场定位，还应拥有产品供应能力和营销技巧。

1. 网上创业机会分析

（1）政策支持

当前，我国十分重视"互联网＋"在转变经济发展方式中的重要作用，在习近平新时代中国特色社会主义思想指引下，我国电子商务行业面临着重大机遇。2018年5月，财务部下发《关于开展2018年电子商务进农村综合示范工作的通知》，提出2018年在全国培育一批能够发挥典型带动作用的示范县，推动农村电子商务，带动贫困户增收。2018年12月，市场监管总局出台《关于做好电子商务经营者登记工作的意见》，要求电子商务经营者应当依法办理市场主体登记，促进电子商务的健康发展。

2018 年 8 月 31 日，十三届全国人大常委会第五次会议表决通过《中华人民共和国电子商务法》（简称《电子商务法》），自 2019 年 1 月 1 日起施行。《电子商务法》的实行标志着我国电子商务行业正在逐步走向正规化，电子商务市场的公平性和竞争性得到了保障。

（2）市场巨大

首先，网络市场是个全球性的大市场。在这个市场内，可以借助第三方平台就能将产品和服务信息传送给全球任何一个角落的顾客。

其次，这个规模巨大的市场，随着人口增长还在快速增长着。

最后，网络营销和电子商务具有方便性、交互性、高效性、经济性等优势，在满足消费者个性化需求方面具有传统经营方式不可比拟的优越性。

（3）成本低廉

首先，网上创业开店费用低。相对于"门面"少则几千元、多则几万元的租金费用来说，网络空间的租金较为低廉。

其次，采购成本低廉。通过阿里巴巴等平台，小批量进货或者代发，创业者可降低库存积压与资金占用成本。

最后，营销成本低廉。通过网络收集市场信息、发布企业信息、开展售后服务活动、发布广告，创业者付出的成本比传统线下的营销方式要更为低廉。

（4）营销方便

互联网的各种功能都能作为营销工具，如网站、搜索引擎、电子邮件、即时通信工具、网络广告等。

2．网上创业风险分析

（1）竞争激烈

由于网上创业资金门槛低，进入容易，大量的创业者已经进入这个领域，一些传统企业也纷纷将市场扩展到网络中，这使新进入者面临着巨大的竞争压力。

（2）物流成本过高

相比实体运营，网店经常需要支付额外的快递费等物流费用，而且很多物流配送公司存在物流配送效率低且不规范的问题。

（3）法律和信用环境欠佳

现阶段，我国网上经营的法律制度还不健全。电子合同、在线支付、产品交付等问题虽有了初步的法律规范，但个人隐私权保护、欺诈等问题仍困扰着消费者。

（4）网络安全风险

黑客攻击、计算机病毒等会造成支付信息、订货信息、销售信息、谈判信息、机密的商务往来文件等商务信息被窃、篡改和破坏。机器失效、程序错误、错误操作、错误传输也会造成信息失误或失效，给创业者带来不可挽回的损失。

笔记区

笔记区

拓展训练

1. 按学生的兴趣成立若干小组，要求各组产生尽可能多的创意，从创意中讨论出若干创业机会，并对创业机会进行评价分析。

2. 请判断以下风险的类别：

(1)科研成果转化的不确定性。

(2)消费者的消费习惯发生改变。

(3)经济发展进入衰退期。

(4)创业团队成员之间产生较大的意见分歧。

第五章 创业者与创业团队

开篇故事

雷军：创业是一条没有止境的道路

2020年4月6日，小米CEO雷军发微博表示，小米已经十周年了。从当初的寥寥几人创业到如今的超过16 000人；从小地方到自建小米科技园；从小公司到成为世界排名前六的手机厂商，走到今天，雷军表示小米没被困难击败，反而越来越强大。

雷军，这个被中国人调侃为雷布斯的男人，他的一生也是充满传奇色彩的，而走上开创小米的这条路，则是他人生走上颠覆的一条路。

雷军从大学时期就开始展现出与众不同，大三的时候就靠着帮人开发软件成功地赚了第一桶金，年纪轻轻就成了百万富豪。同时雷军的独到眼光与坚持力也让人啧啧称奇。雷军用他的坚持让金山上市，成功使得金山成了现今最大的一家资产多元化的民族软件企业，同时他只用了短短的一年的时间就成功让自己公司达到了100亿元的销售规模，并且成功地在纳斯达克上市。

辞去金山软件的CEO是雷军人生的转折点，已经38岁的他毅然决然地辞去了金山软件的高位，开始走向创业，同时他这个举动也轰动了整个商业界。然而正是他的这份果断与勇敢尝试的精神促使了现在的手机业巨头小米的诞生。为期16年的CEO任职生涯，让雷军为小米的创造提供了宝贵的经验。

2010年，小米横空出世，4月6日北京小米科技有限责任公司在北京正式宣布成立，并入驻了北京银谷大厦。创业首年在银谷大厦推出MIUI首个内测版，发布了米聊Android内测版。MIUI是手机操作系统，当初MIUI第一次内测仅有100个用户，雷军为了感谢这100个人，称他们为"梦想的赞助商"。

2011年，小米创始团队正式宣布小米进军手机市场，从此一个手机互联网巨头就此冉冉升起。现在小米已经远销海外，并且成功上市。各项数据显示，在2018年小米的盈利增长速度已经成功在互联网公司里排名第一，并且在国家工信部等各大部门发布的2018年中国互联网企业100强榜单中，小米名列前十。

雷军的成功也不仅仅是他独到的眼光，更重要的是他对成功的渴望以及对机会的识别和把握能力，他的果断和勇于尝试的坚韧也是必不可少的，所以我们纵观雷军的创业路程，会发现雷军的成功是必然的。所以勇往直前吧，学会抓住机遇，激流勇上，成功就会离你不远。

（资料来源：改编自《中国乔布斯——雷军》，https://baijiahao.baidu.com/s？id＝16097415954333 69962&wfr＝spider&for＝pc，2018-08-25。）

模块一　提升创业者的素质

🎬 名人语录

要营造有利于创新创业创造的良好发展环境。

提升创业者的素质

——习近平

我已经给自己选定了道路，我将坚定不移。既然我已经踏上这条道路，那么，任何东西都不应妨碍我沿着这条路走下去。　　　——康德

坚信自己的思想，相信自己心里认准的东西也一定适合于他人，这就是天才。　　　——爱默生

🏠 学习目标

(1)理解创业者的定义。

(2)掌握创业者应具备的素质，确定创业动机。

🎞 案例导入

被拒绝了1009次的肯德基创始人

哈兰·山德士退休后拥有的财产只是一家靠在高速公路旁的小饭店。饭店虽小，但颇具特色，与众不同。可最受欢迎的、也就是客人最爱吃的一道菜就是他发明烹饪的香酥可口的炸鸡，仅此就给他带来了一笔可观的财富。多年来，他的客户一直对他烹饪的炸鸡赞赏有加，由于，高速公路的改道，饭店的生意一落千丈，最后只好关门歇业。山德士决定向其他的饭店出售他制作炸鸡的配方，但是没有一家饭店愿意购买。山德士被人嘲笑，但他始终没有放弃，在被别人拒绝1009次之后，才有人终于同意采纳他的想法，购买他的配方。从此之后他的连锁店遍布全世界。

（资料来源：《肯德基上校的煎炸人生》，载《创新世界周刊》，2019(7)。）

想一想：

(1)你觉得一个成功的创业者具有哪些素质？

(2)如果你在创业的过程中一直被拒绝，你会怎么做呢？说一说为什么。

🏫 知识学习

一、创业者的含义

创业者(Entrepreneur)，顾名思义，就是发起创业活动的人，是创新创业活动的推动者，或者是活跃在企业创立和新创企业成长阶段的企业经营者。只要具备创业素质、创业动机和创业能力，人人皆可成为创业者，但创业者并不等于企业家，因为多数创业者并不可能完全具备企业家必备的个人品格。创业者只有不断完善个人素质，带领企业获得商业上的成功，才有可能逐步转变为真正的企业家。

创业者的对应英文单词是 Entrepreneur，Entrepreneur 有两个基本含义：一是指企业家，即在现有企业中负责经营和决策的领导人；二是指创始人，通常理解为即将创办新企业或者是刚刚创办新企业的领导人。美国著名经济学家熊彼特则认为创业者应为创新者。这样，创业者概念中又加了一条，即具有发现和引入新的、更好的、能赚钱、产品、服务和过程的能力。

从学者对创业者的定义可以看出，他们强调的是创业理念、素质和创业行为，以及冲动、能力及执行力。但是，创业并不是造神，创业者只是充分挖掘自身的潜在素质，不断突破自我，在正确的时间做正确的事情，并将它坚持下去。

二、创业者的类型

(一)根据创业的背景和动机分类

1. 生存型创业者

生存型创业者指自主创业的下岗工人、失去土地或不愿困守乡村的农民及毕业找不到工作的大学生等。

2. 变现型创业者

变现型创业者是指在过去的工作中积累了大量市场关系并在适当时机自己开办企业，从而将过去的权力和市场关系等无形资源变现为有形财富的创业者。

3. 主动型创业者

主动型创业者又可以分为两类：一类是盲动型创业者，另一类是冷

笔记区

静型创业者。盲动型创业者大多极为自信，做事冲动。冷静型创业者的特点是先观察后行动，在掌握资源或技术后才会行动，因此，这种创业者的成功率往往很高。

(二)根据在创业过程中所处的角色和所发挥的作用分类

1. 独立创业者

独立创业者是指自己出资、自己管理的创业者。其创业动机和实践受很多因素影响，如发现很好的商业机会，对目前的工作缺乏兴趣，受他人创业成功的影响等。独立创业充满挑战和机遇：可以自由发挥创业者的想象力、创造力，充分发挥主观能动性、聪明才智和创新能力；可以主宰自己的工作和生活，按照个人意愿追求自身价值，实现创业的理想和抱负。

创业故事

杨勃的创业故事

三十几岁的年轻人，一杯咖啡，一台笔记本，刷刷刷写好程序，做好网页，挂到线上，不日大火，投资基金纷纷砸来……

这是关于杨勃和豆瓣网的坊间传闻，这个故事鼓舞了多少想在互联网上创业的年轻人。

北京朝阳门内豆瓣胡同，这个名字平实而有趣，"有草根的随意亲切"，杨勃用它做了自己的网站名字。

2005年3月6日，杨勃的豆瓣网正式上线，他是名副其实的"IT个体户"，一个人包办了产品设计和网络维护。网站正式上线之后，杨勃在一个技术论坛发帖子，说有个豆瓣网，请大家去看。第一批用户就这样通过帖子链接进来，并且开始留言、写评论，"你写一篇，我写一篇，网站就这样开始用起来了"。

杨勃曾经把物理作为事业，"计算机不过是工具和兴趣"，最后却"玩出了名堂"。他所一手打造的豆瓣网，成了互联网 Web 2.0 时代的又一个奇迹。

（资料来源：改编自《豆瓣网 CEO 杨勃创业故事　心路历路》，https://www.360doc.com/content/11/0324/14/6453311_104177861.shtml，2011-03-24。）

2. 主导创业者与跟随创业者

主导创业者与跟随创业者是相对的。在一个创业团队中，带领大家创业的人就是团队的领导者，即主导创业者，其他成员就是跟随创业者，也叫参与创业者。

三、创业者的素质

（一）创业者的基本素质构成

根据我国的创业环境，创业基本素质包括创业意识、创业心理品质、创业能力和创业知识结构四大要素。以上四个要素，每一项要素均有其独特的地位与功能，任何一个要素发生变化或残缺不全，都会影响其他要素的形成和发展，影响其他要素的功能和作用的发挥，乃至影响创业的成功。创业意识、创业心理品质、创业能力、创业知识结构要素之间既相互独立，又相互影响，形成相互制约的一个有机的整体。因此，一个未来的创业者，不仅要注意在环境和教育的双重影响下培养自己的创业素质，而且要重视其整体结构的优化，在创业实践中不断提高自己的创业素质。

（二）创业者的基本素质要求

1. 文化知识丰富

在竞争日益激烈的今天，单凭热情、勇气、经验或只有单一专业知识，要想成功创业是很困难的。创业者要有创造性思维，要作出正确决策，必须掌握广博的知识，具有一专多能的知识结构。具体来说，创业者应该充分了解、掌握国家的有关政策、法规，做到用足、用活政策，依法行事，用法律维护自己的合法权益；了解科学的经营管理知识和方法，提高管理水平；掌握与本行业、本企业相关的科学技术知识，依靠科技进步增强竞争能力；具备市场经济方面的知识；具备一些有关世界历史、世界地理、社会生活、文学、艺术等方面的知识。

2. 心理素质好

所谓心理素质是指创业者的心理条件，包括自我意识、性格、气质、情感等心理构成的要素。作为创业者，其自我意识特征应为自信和自主；其性格应刚强、坚韧、果断和开朗；其情感应更富有理性色彩。成功的创业者大多是不以物喜，不以己悲的，成功时不沾沾自喜、得意忘形；在碰到困难、挫折和失败时不灰心丧气、消极悲观。

3. 身体健康

创业是一项繁重和复杂的工作，创业者对健康风险要有充分的准备。创业者工作繁忙、时间长、压力大，如果身体不好，必然力不从心、难以承受创业重任。因此创业者无论在什么情况下，都要培养一种积极乐观的心态、宽广坦荡的胸怀，要力争做到身体健康、体力充沛、精力旺盛、思路敏捷。

4. 坚持不懈

只有坚持不懈，才有可能成功。爱迪生强调，创造力依据的是99%

笔记区

笔记区

的努力和1%的灵感。他认为，一连串的失败，乃是不断尝试错误的探索性实验，是成功的创新所必需的。经历一次又一次的失败而决不放弃是创业者的主要行为特征。创业领域，没有任何捷径可走，只有专心致志和坚持不懈的人，才能克服通往目标道路上所遇到的危机和障碍。

5. 敢冒风险

在市场经济大潮中，机会与风险共存。只要从事创业活动，就必然会有某种风险伴随，且事业的范围和规模越大，取得的成就越大，伴随的风险也越大，需要承受风险的心理负担也就越大。成功的创业者总是事先对成功的可能性和失败的风险进行分析比较，选择那些成功的可能性大而失败的可能性小的目标。创业者还要具备评估风险程度的能力，具有驾驭风险的有效方法和策略。

🎧 **创业故事**

创业需要冒险

网易的创始人丁磊在大学毕业刚参加工作时，互联网在那个时候进入中国。丁磊当时就觉得这是一个机会。丁磊当时工作的单位是宁波电信局，那是很多人都向往的一个企业，但是他却离开了。"我也不知道这个能不能赚钱，可我还是走出了这一步。"父母问他为什么要离开时，丁磊硬着头皮说道："一个人事业要成功，就一定要善于接受挑战。"

去广州两年时间，丁磊有很多机会接触到了互联网，也感受到新经济带来的挑战。于是，他毫不犹豫地去游说广州市电信局，要重视互联网建设的发展。他自己本人也在1997年的时候创建了网易公司。现在的网易公司是中国领先的互联网技术公司，在开发互联网应用、服务及其他技术方面，始终保持中国业界领先地位。

6. 善于交流

在创业道路上，必须摒弃"同行是冤家"的狭隘观念，学会合作与交往。创业者要通过语言、文字等多种形式与周围的人们进行有效的交流与沟通，提高办事效率，增加成功的机会。在创业过程中，需要与客户打交道，与公众媒体打交道，与外界销售商打交道，与企业内部员工打交道，这些交往、沟通，可以排除障碍，化解矛盾，降低工作难度，增加信任度，有助于创业的成功。

7. 克服盲目冲动和私利欲望

创业过程中，创业者要善于克制，防止冲动。克制是一种积极的、有益的心理品质，它可使人积极有效地控制和调节自己的情绪，使自己的活动始终在正确的轨道上进行，不会因一时的冲动而引起缺乏理智的行为。创业者在创业过程中要自觉接受法律的约束，合法创业、合法经营、依法行事，自觉接受社会公德和职业道德的约束，文明经商、诚实经营、互助互利。当个人利益与法律和社会公德相冲突时，要能克制个人欲望、约束自己的行为。

8. 树立危机意识

一个国家如果没有危机意识，这个国家迟早会出问题；一个企业如果没有危机意识，迟早会垮掉；一个人如果没有危机意识，难免有一天会遭受挫折。未来是不可预测的，而人也不是天天都走好运的，因此，创业者要有危机意识，在心理上、行动上有所准备，来应付突如其来的变化。在创业实践中所有的事你都要有"万一……怎么办"的危机意识，居安思危，未雨绸缪。创业者本身的经验、学识、能力，尤其是对要涉足行业的了解情况，将对创业成功起重要的作用。在熟悉的行业中创业，市场熟、产品熟、人际关系也熟，就能驾轻就熟。因此，创业者要注意自身知识的积累以及对自身创业能力的培养。

📖 拓展阅读

关于创业者的至理名言

在许多人心中，那些所谓的心灵鸡汤都是"很毒""很假"的，但是我们又不得不承认，有时候在自己迷茫的时候，一些至理名言反而能戳中你心底的想法，为你指明一条道路！

1. 选择大于努力！

通往成功的道路上，努力很重要，但是有的人一辈子都很努力，可是依然贫穷，这就是因为他选错了，可能是选错了行业，也可能是选错了方向！一个人想要成功，重要的是选对平台，跟对人，所以人的一生中选择是十分重要的。

2. 选择靠自己，成功需要靠团队！

哪个成功人士的背后没有一个团队？一个人的能力是有限的，而且一个人擅长的领域也是有限的。如果你有一个志同道合、凝聚力强的团队，这会让你的力量大大增强，那么走向成功的概率也会大一些！

3. 做事不如做市，做市不如乘势！

什么样的人容易成功？你会发现，有着敏锐观察力的投资者总是能找到这社会发展的规律，所以无论做任何事情，都要有相应的概念和意识，顺势而为，乘势而上。

4. 改变语言改变命运，管好情绪管好人生！

一个人会说话证明他有智慧、有情商。在不同的场合，知道说什么样话的人，会让人接受你、喜欢你、甚至信任你，所以会说话的人也会

笔记区

因此有许多改变命运的机会！

5.思想决定出路，想法决定活法！

许多人，领导一让他做什么事，他就说：我不喜欢！成功之前做你该做的，因为成功之后才能做你想做的。没有人骨子里想要创业、加班、出差，包括那些大佬们，但是为什么他们要这么做？因为这些都是能够助他们登上成功的台阶，如果你没有这样的思想，自然没有像他们一样的出路！

（资料来源：改编自《关于创业的7条至理名言，句句精辟，每一条对创业者都大有帮助！》，https：//baijiahao.baidu.com/s？id＝1633407814128423378＆wfr＝spider＆for＝pc，2019-05-13。）

四、创业者的能力

1.专业技术能力

专业技术能力包括专业知识和专业技能。专业知识是指从事某一专业工作所必须具备的知识，一般具有较为系统的内容体系和知识范围。掌握专业知识是培养专业技术能力的基础。专业技能包括智力技能和操作技能。智力技能是在大脑内部借助内部语言，以缩简的方式对事物的印象进行加工改造而形成的。操作技能是由一系列外部动作构成的，是经过反复训练形成和巩固起来的一种合乎法则的行动方式。

2.经营管理能力

在现代社会中，经营管理能力为人的生存和发展提供了较好的主体条件；同时也能形成人、财、物、时间、空间的合理组合。管理能力直接关系到创业活动的效率和成败，因此管理也是生产力。经营管理能力主要包括善于经营、善于管理、善于用人、善于理财等方面。

（1）善于经营

成功的创业者，不仅要有果敢的开拓精神，还必须精通经营之道，熟悉市场行情，了解和掌握生产经营活动的内容、策略和手段。掌握信息要及时准确，对比选优要多设方案，不同意见要兼收并蓄；要懂得市场经营策略、销售策略、定价策略，熟悉生产经营的组织和管理等。

（2）善于管理

所谓管理就是根据企业的内在活动规律，综合运用企业中的人力资源及其他资源，从而有效地实现企业目标的过程。善于管理，必须了解生产环节，掌握管理的窍门，精通经营核算，做好生产过程的组织、生产计划的编制、生产的调度、产品的质量控制等。

笔记区

拓展阅读

如何提升团队管理能力

第一，清晰的组织架构。

确认清楚，谁在什么样位置，负责什么样内容，不允许两个人交叉负责，也不允许集体领导，不允许有模糊的领域。出了问题，大家都清楚谁应该出来承担责任。取得了成绩，谁的功劳也很清楚。

第二，目标与计划。

必须明确地指出前进的方向，向全员传达清晰。如果这个没有做好，团队南辕北辙的，再优秀的团队也不会拿出好的结果。

第三，权利与责任。

这个世界上就没有既要马儿跑，又不让马儿吃草的事情。创业者明确委托了自己的要求，就必须要明确地授权和投入资源给下面的人。否则，出了问题责任不是他的，而是你的。

第四，复杂问题简单化。

对于管理者，要做计划实施和部署，它一样是一个很重要的要求，就是要把复杂问题简单化，因为复杂的问题是解决不了的，也无法出绩效。

第五，可视化管理。

作为统筹者角色，工作量大，没办法做到面面俱到，团队在执行上很多细节问题没有办法一一看到，这可以理解。但，即使你看不到所有问题，也要让流程管理可视化。因为只有这样，团队成员才知道你能够看到他，这样的团队才有足够的可扩展性。

第六，扁平化管理。

扁平化管理能确保任何一件事的负责人，都可以直接找到相关责任人。

第七，适当的中间结果检查。

希望团队能够按时、按量高质量出活，创业者就要学会把一个大项目分割成多个时间点做检查，只有这样才能更加有效地进行风险管理。

（3）善于用人

在生产力的诸要素中，人是最活跃的、起决定作用的因素，也是企业能否发展的决定性因素。善于用人，就能调动人的积极性，使人尽其能、人尽其才，使个人的长处得到充分的发挥。要做到善于用人，必须统一指挥、权责相配、建立规章、民主管理，还必须论功晋级，按劳取酬。

（4）善于理财

创业者从事生产经营，要获得利润，就必须善于理财。理财是对资金运动过程进行正确的组织、指挥和调节，保证生产活动顺利进行，从而减少劳动和物质资源的耗损，降低产品成本，提高资金利润率的重要环节。不言而喻，善于理财能使资金增值，提高经济效益，这是创业成功的重要保证和标志。

3. 综合能力

综合能力包括学习能力、驾驭信息能力、激励员工能力、应变能力、独立工作能力、开拓创新能力、社交能力等。

模块二　组建创业团队

组建创业团队

名人语录

企业必须在核心技术上不断实现突破，掌握更多具有自主知识产权的关键技术，掌握产业发展主导权。　　　　　——习近平

创业要找最合适的人，不一定要找最成功的人！　　　　——马云

创业首先是去做，想多了没用，光想不做那是乌托邦。很多时候创业者因为自己搞不清楚而不去创业，实际上等你搞清楚以后就更不会去创业了。　　　　　　　　　　　　　　　　　——马云

学习目标

（1）理解创业团队的重要性。

（2）掌握组建创业团队的方法。

案例导入

周源的创业故事

说到知乎，想必有很多人都熟悉这款软件，很多上班族都会通过这款软件打发时间。

知乎的创始人周源在大学时学的是软件专业。在毕业后，他就做起超市软件开发的工作，但因为对这份工作并不喜欢，所以他选择辞职，之后他就跨行业在杂志社做实习记者，这份工作做了 3 年后，他又离职创业去做老本行，但因为没有经验而失败。之后他就开始反省和思考，然后找到了在工作中认识的创新工场的张亮和黄继新。

2010 年 7 月，周源有了一些想法，就和张亮、黄继新一起讨论，然

后决定把这个想法落实，2011 年 1 月，知乎正式上线。令人没想到的事情是，在核心团队的 7 个人分头邀请朋友加入试用的时候，邀请的 200 名人员里，虽然有很多都是忙碌的互联网科技大佬，但这些人都会亲自回复信息，让许多人的疑惑都得到解答。

之后，知乎的知名度越来越高，使用的人也越来越多。到 2019 年 8 月 12 日，知乎宣布完成 F 轮融资，总额 4.34 亿美元。

（资料来源：改编自《知乎创始人周源：一个程序员的崛起》，https://baijiahao.baidu.com/s？id＝1605234080860562857&wfr＝spider&for＝pc，2018-07-08。）

想一想：

(1)你觉得一个优秀的创业团队，对创业的成功有什么作用？

(2)如果你打算创业，在选择成员时有何要求？

知识学习

一、创业团队的定义

创业团队是为进行创业而形成的集体。它使各成员联合起来，在行为上形成彼此影响的交互作用，在心理上意识到其他成员的存在及彼此相互归属的感受和工作精神。这种集体不同于一般意义上的社会团体，它存在于企业之中，因创业的关系而连接起来却又超乎个人、领导和组织之外。优秀创业团队具有的要素有：一个胜任的团队带头人；彼此十分熟悉，能够相互很好地配合的团队成员；创业所必需的足够的相关技能。

创业团队需要具备五个关键要素（即 5P）：目标、人、定位、权限、计划。

1. 目标（Purpose）

创业团队应该有一个既定的共同目标，为团队成员导航，知道要向何处去。没有目标，这个团队就没有存在的价值。目标在创业企业的管理中以创业企业的愿景、战略的形式体现，缺乏共同的目标会使团队没有凝聚力和持续发展力。

2. 人（People）

人是创业团队最核心的力量。三个及三个以上的人就形成一个群体，当群体有了共同奋斗的目标就形成团队。在新创企业中，人力资源是所有创业资源中最活跃、最重要的资源。

创业的共同目标是通过人员来实现的，不同的人通过分工来共同完成创业团队的目标，所以人员的选择是创业团队建设中非常重要的一个部分，创业者应该充分考虑团队成员的能力、性格、经验等方面的因素。

笔记区

3. 定位(Place)

创业团队的定位包含两层意思：①创业团队的定位。这是说创业团队在企业中处于什么位置，由谁选择和决定团队的成员，创业团队最终应对谁负责，创业团队采取什么方式激励下属。②个体(创业者)的定位。这是说作为成员在创业活动中应扮演什么角色，是制订计划还是具体实施或评估，即创业团队的角色分工问题。

定位问题关系到每一个成员是否对自身的优劣势有清醒的认识。创业活动的成功推进，不仅需要整个企业能够寻找到合适的商机，同时也需要整个创业团队能够各司其职，并且形成一种良好的合力。

4. 权限(Power)

为了实现创业团队成员的良好合作，赋予每个成员一定的权利是必要的，他们要在这一权限内发挥作用。赋予团队成员适当的权利，主要是基于：团队成员对于控制力的追求往往是他们参与创业的一个重要动因；创业活动的动态复杂性，决定了其必须依赖团队成员拥有较多的权利来实现目标。

5. 计划(Plan)

计划是创业团队未来的发展规划，也是目标和定位的具体体现。在计划的帮助之下，企业能够有效制订创业团队的短期目标和长期目标，能够提出目标的有效实施方案，以及加强实施过程的控制和调整措施。这里所讨论的计划可能尚未达到商业计划书那种复杂程度，但是，从团队的组建和发展过程来看，计划的指导作用自始至终都是存在的。

🎧 创业故事

联合创业的腾讯

腾讯创造出奇迹靠的是团队。1998 年的秋天，马化腾与他的同学张志东合资注册了深圳腾讯计算机系统有限公司。之后又吸纳了三位股东：曾李青、许晨晔、陈一丹。这五个创始人的 QQ 号，据说是从 10001 到 10005。为避免彼此争夺权力，马化腾在创立腾讯之初就和四个伙伴约定清楚：各展所长、各管一摊。

之所以将创业五兄弟称之为"难得"，是因为直到 2005 年的时候，这五人的创始团队还基本是保持这样的合作阵形，不离不弃。在企业迅速壮大的过程中，要保持创始人团队的稳定合作尤其不易。在这个背后，工程师出身的马化腾一开始对于团队合作的理性设计功不可没。

在中国的民营企业中，能够像马化腾这样，既包容又拉拢，选择性格不同、各有特长的人组成一个创业团队，并在成功开拓局面后还能依旧保持着长期默契的合作，是很少见的。

马化腾成功之处，就在于其从一开始就很好地设计了创业团队的责、权、利。能力越大，责任越大，权力越大，收益也就越大。

调查发现，70%创业成功的企业，都有多名创始人。其中2～3人的占44%，4人的占17%，5人及以上的占9%。尤其是在高科技领域，团队创业比个体创业多得多。事实证明：选择合理的创业模式，组建卓有成效的创业团队是创业成功的重要基础。创业团队工作绩效大于所有成员独立工作绩效之和。没有团队的创业也许并不一定会失败，但要创建一个没有团队而具有高成长性的企业却极其困难。

（资料来源：改编自李辉：《马化腾五兄弟：难得的创业团队》，载《华商》，2011（5下）。）

二、创业团队的类型

根据不同的角度、层次和结构可以将创业团队划分为不同的类型，而依据创业团队的组成者来划分，创业团队有星状创业团队、网状创业团队和虚拟星状创业团队。

（一）星状创业团队

一般在星状创业团队中会有一个核心人物充当领导的角色。这种团队在形成之前，一般是核心人物有了创业的想法，然后根据自己的设想进行创业团队的组织。因此，在团队形成之前，核心人物已经就团队的组成进行过仔细思考，根据自己的想法选择相应人员加入团队。这些加入创业团队的成员也许是核心人物以前熟悉的人，也有可能是不熟悉的人，但这些团队成员在企业中更多时候扮演的是支持者的角色。

这种创业团队有以下几个明显的特点。

①组织结构紧密，向心力强，核心人物在组织中的行为对其他个体影响巨大。

②决策程序相对简单，组织效率较高。

③容易形成权力过分集中的局面，从而使决策失误的风险加大。

④当其他团队成员和核心人物发生冲突时，因为核心人物的特殊权威，使其他团队成员在冲突发生时往往处于被动地位，在冲突较严重时，一般都会选择离开团队，因而对组织的影响较大。

这种组织的典型例子有太阳微系统公司。该公司创业当初就是由维诺德·科尔斯勒确立多用途开放工作站的概念，接着他找到了两位分别在软件和硬件方面的专家，和一位具有实际制造经验和人际交往技巧的专家。于是，他们组成了太阳微系统公司的创业团队。

笔记区

(二)网状创业团队

这种创业团队的成员一般在创业之前都有密切的关系,比如同学、亲友、同事、朋友等。他们一般都是在交往过程中共同认可某一创业想法,并就创业达成了共识以后开始共同进行创业。在创业团队组成时,没有明确的核心人物,大家根据各自的特点自发进行组织角色定位。因此,在企业初创时期,各位成员基本上扮演的是协作者或者伙伴角色(Partner)。

这种创业团队的特点如下。

①团队没有明显的核心,整体结构较为松散。

②组织决策时,一般采取集体决策的方式,通过大量的沟通和讨论达成一致意见,因此组织的决策效率相对较低。

③由于团队成员在团队中的地位相似,因此容易在组织中形成多头领导的局面。

④当团队成员之间发生冲突时,一般都采取平等协商、积极解决的态度消除冲突,团队成员不会轻易离开。但是一旦团队成员间的冲突升级而使某些团队成员撤出团队,就容易导致整个团队涣散。

这种创业团队的典型例子是微软的比尔·盖茨和童年玩伴保罗·艾伦、惠普的戴维·帕卡德和他在斯坦福大学的同学比尔·休利特等。

(三)虚拟星状创业团队

这种创业团队是由网状创业团队演化而来的,基本上是前两种创业团队的中间形态。在团队中,有一个核心人物,但是该核心人物地位的确立是团队成员协商的结果,因此核心人物从某种意义上说是整个团队的代言人,而不是主导型人物,其在团队中的行为必须充分考虑其他团队成员的意见,不如星状创业团队中的核心主导人物那样有权威。

三、创业团队的组建策略分析

(一)创业团队组建的主要影响因素

创业团队的组建受多种因素的影响,这些因素相互作用,共同影响着组建过程,并进一步影响着团队建成后的运行效率。

1. 创业者

创业者的能力和思想意识从根本上决定了是否要组建创业团队,决定了团队组建的时间表以及由哪些人组成团队。创业者只有在意识到组建团队可以弥补自身能力与创业目标之间存在的差距,才有可能考虑组建创业团队,以及对什么时候需要引进什么样的人员才能和自己形成互补作出准确判断。

2. 商机

不同类型的商机需要创业团队的类型不同。创业者应根据创业者与商机间的匹配程度，决定是否要组建团队以及何时、如何组建团队。

3. 团队目标与价值观

共同的价值观、统一的目标是组建创业团队的前提，团队成员若不认可团队目标，就不可能全心全意为此目标的实现而与其他团队成员相互合作、共同奋斗。而不同的价值观将直接导致团队成员在创业过程中脱离团队，进而削弱创业团队作用的发挥。没有一致的目标和共同的价值观，创业团队即使组建起来，也无法有效发挥协同作用，缺乏战斗力。

4. 团队成员

团队成员的能力的总和决定了创业团队整体能力和发展潜力。创业团队成员的才能互补是组建创业团队的必要条件。而团队成员间的互信是形成团队的基础。互信的缺乏，将直接导致团队成员间协作障碍的出现。

5. 外部环境

创业团队的生存和发展直接受到了制度性环境、基础设施服务、经济环境、社会环境、市场环境、资源环境等多种外部要素的影响。这些外部环境要素从宏观上间接地影响着对创业团队组建类型的需求。

(二)创业团队组建的基本原则

1. 目标明确合理原则

目标必须明确，这样才能使团队成员清楚地认识到共同的奋斗方向是什么。与此同时，目标也必须是合理的、切实可行的，这样才能真正达到激励的目的。

2. 互补原则

创业者之所以寻求团队合作，其目的就在于弥补创业目标与自身能力间的差距。只有当团队成员相互间在知识、技能、经验等方面实现互补时，才有可能通过相互协作发挥出"1＋1＞2"的协同效应。

3. 精简高效原则

为了减少创业期的运作成本、最大比例地分享成果，创业团队人员构成应在保证企业能高效运作的前提下尽量精简。

4. 动态开放原则

创业过程是一个充满了不确定性的过程，团队中可能因为能力、观念等多种原因不断有人在离开，同时也有人在要求加入。因此，在组建创业团队时，应注意保持团队的动态性和开放性，使真正完美匹配的人员能被吸纳到创业团队中来。

笔记区

四、组建创业团队的关键步骤

(一)选择合理的团队成员

建立优势互补的创业团队是保持创业团队稳定性的关键，也是规避和降低团队组建模式风险的有效手段。在团队创建初期，人数不宜过多，能满足基本的需求即可。在成员选择上，要综合考虑成员在能力和技术上的互补性，基本保证具备理想团队所需的九种角色，成员的能力和技术应该处于同一等级，不宜差异过大。如果团队成员在对项目的理解能力、表达能力、执行能力、社会资源能力、思维创新能力等方面存在较大的差异性，就会产生严重的沟通和执行障碍。

此外，在选择成员时还要考虑创业激情的影响。在企业初创期，所有成员每天都需要超负荷工作，如果缺乏创业激情和对事业的信心，不管其专业水平多高，都可能成为团队中的消极因素，对其他成员产生致命的负面影响。

🎧 创业故事

携程的创业团队

携程计算机技术(上海)有限公司总裁季琦告诉青年创业者，"携程网"的成功，除了抓住当初互联网快速发展的契机，有一个良好的创业团队是关键。"携程网"的团队成员来自美国 Oracle 公司、德意志银行和上海旅行社等，是技术、管理、金融运作、旅游的完美组合。大家在一起创业，分享各自的知识和经验，同时也避免了很多创业"雷区"。

(资料来源：改编自《组建优秀团队》，http://www.docin.com/p-2368535370.html，2020-05-23。)

(二)确定清晰的创业目标

创业团队在实践中要不断总结和吸取教训，形成一致的创业思路，勾画出共同的目标，以此作为团队努力的目标和方向，鼓励团队成员积极掌握工作内容和职责，竭诚与他人合作，交流贡献个人能力。

创业团队的目标必须清晰明确，能够集中体现出团队成员的利益，与团队成员的价值趋向一致，并保证所有团队成员都能正确理解，这样才能发挥鼓励和激励团队成员的作用。此外，创业团队的目标还必须切实可行，既不应太高也不应太低，而且能够随着环境和组织的变化及时更新和调整。

(三)制定有效的激励机制

正确判断团队成员的利益需求是有效激励的前提。实际上，不同类型的人员对于利益的需求并不完全一样，有些成员将物质追求放在第一位，而有些成员则是希望能够获得荣誉、发展机会、能力提高等其他利益。因此，创业团队的领导者必须加强与团队成员的交流，针对各成员的情况采取合理的激励措施。

创业团队的利润分配体系必须体现出个人贡献价值的差异，而且要以团队成员在整个创业过程中的表现为依据，而不仅是某一阶段的业绩。其具体分配方式要具有灵活性，既包括诸如股权、工资、奖金等物质利益，也包括个人成长机会和相关技能培训等内容，并且能够根据团队成员的期望进行适时调整。

五、创业团队的管理技巧和策略

创业团队对于创业成功具有重要的意义，但并非所有的团队都能获得成功。团队的管理也非常重要。由于创业团队本身的动态性特征，团队管理就是贯穿于创业团队整个生命周期的工作。团队管理是门艺术，要针对具体的情况来灵活进行，但是也有一些普遍性的原则可以利用。

(一)选择

创建团队的第一步就是选择团队成员。这里要解决两个关键问题：该聘用什么样的人？怎样聘用？第一个问题根据企业的具体需求来决定，遵循的原则在上面组建团队的内容里已经提到。考察人员的智力、经验和人际交往能力，不仅要考察其表现出来的能力，还要考察其潜在能力。具体考察策略可以通过正式招聘程序来进行专业评估，同时也可通过非正式渠道进行了解。第二个问题可以通过多种渠道来解决，如招聘、通过猎头公司物色人才等。招聘程序尽量做到严格、正规，有一套完整的招聘流程。最终的目的是找到与业务需求相匹配的合适人选。

(二)沟通

沟通是有效管理团队的最重要的内容之一。没有沟通，团队就无法运转。第一，沟通使信息保持畅通，实现信息共享，避免因为信息缺失而出现错误的决策与行为。第二，沟通可以化解矛盾，增强团队成员彼此之间的信任。在长期合作共事的过程中，成员之间难免会有矛盾，缺少沟通可能导致相互猜疑、相互埋怨，如不进行有效的沟通，矛盾会随着时间的推移越来越大，甚至最后可能导致团队的分裂。第三，沟通可以有效解决认知性冲突，提高团队决策的质量，促进决策方案的执行。在企业经营管理过程中，团队成员对有关问题会形成不一致的意见、观点和看法，这种论事不论人的分歧称为认知性冲突。优秀的团队并不应回避不同的意见，而是要进行充分的沟通和交流，鼓励创造性的思维，提高团队决策质量。这也有助于推动团队成员对决策方案的理解和执

笔记区

行，提高组织绩效。

（三）联络感情

定期或不定期联络团队成员的感情可以保持团队士气和热情，控制情感性冲突，从而提高团队绩效。没有人喜欢在冷漠、生硬、敌对的团队中工作。管理者在管理团队时，应注意以下三点：第一，是要尊重每个人，相互了解并体谅他人的难处。第二，要抽时间共处，这可以通过组织团队活动来实现。通过组织活动来联络团队成员的感情一定要注意适度，太多的联络活动可能会让人疲于应付，也让团队不堪重负。组织联络活动还要讲究策略，尽可能地让更多的人积极参与，获得大家的满意和认可，这样才能起到提高团队绩效的作用。第三，要有丰厚的回报，包括物质的和精神的。

（四）个人发展

构建一支优秀的、稳定的团队的关键之一是给个人提供广阔的发展空间。因此，在团队管理方面，最重要的一项职责就是要尽可能保证团队每一名成员得到发展，这样才能使成员对工作满意，激发工作热情，创造更多的价值。个人的发展，不仅仅依靠经验的积累，还要借助目标设定、绩效评估及反馈程序等来实现。通过这三个程序，可以激发员工潜力，清醒认识自己的优点和不足，从而改善提高自己，获得更大的发展空间。

（五）激励

激励是团队管理中极为重要的一项内容。如何对创业团队进行有效激励，现在还没有固定的程序方法可以套用，但可以通过授权、工作设计、薪酬机制等诸多手段来实现。薪酬是实现有效激励最主要的手段，毕竟收益是创业成功的重要表征。在设计薪酬制度时，应考虑差异原则、绩效原则、灵活原则。最终目的是通过合理的报酬让团队成员产生一种公平感，激发和促进创业团队的积极性，实现对创业团队的有效激励。

六、创业领导者的角色和行为策略

领导日益成为企业生存与发展的重要因素，尤其对于创业企业来说，创业领导者往往扮演着重要的角色，成为整个创业团队的核心和灵魂人物。

（一）战略领导者

战略领导者要在宏观方面对企业的发展制订目标、确定方向、努力构思对未来的设想，并为实现设想制订战略。在必要的时候，要调整方向，进行战略变革。为此，战略领导者要使其他人能理解改革设想和战略，并认为进行改革是正确的，从而争取团队的支持，鼓舞大家共同进行战略变革。在某种意义上，员工是否能自愿投入到战略行动中来，是判断一个战略能否成功的试金石。创业是一个动态的、持续的过程，当一个目标得以实现时，战略领导者要能够进行新的战略思考，确立一个新的目标，并使之成为团队的共同愿景，联合团队成员朝此方向不懈努力，相当于重新创业。所以说，战略领导有三项主要任务，就是确定战略方向、联合群众、激励他人。

(二)队伍领导者

好的队伍领导者是聚拢人才的吸铁石。在创业初期，领导者的人格魅力有时比制度文化更为有效。首先，队伍领导者要建立精英团队，这就要求确定企业的精神或是企业的信仰，确定企业的核心价值观，然后通过它来吸引志同道合的合作者。其次，要维系团队的稳定，要让团队每个人找准自己的位置，明确自己的角色，形成对等的责、权、利。最后，要成为团队力量的协调者和综合者，要善于用人，对人宽容，让每个人能畅所欲言，满足他们基本的但又常常得不到满足的需求，调动和激发人们的积极性，激励他们劲往一处使，培养他们的团队精神。

(三)情绪领导者

领导者是一个企业激情的重要来源。创业领导者要能够激发团队热情和创造力，起到一个很好的整合团队的作用。领导的本质就是鼓舞、激励和影响。一个团队的绩效如何，关键取决于这个领导者的胸怀和魅力。有些人天生就是会影响别人，具有难以抗拒的感召力。这就要求领导创业者在行为过程中表现出高的情商，心态平和，不急功近利，能够接受挑战和承担风险，并不时创造出惊喜来激发群众的积极性，尤其在逆境的时候能够激励和鼓舞大家。

拓展训练

1. 你认为创业者应具备哪些基本素质？请你对身边的人进行调研，了解人们对创业者素质和能力的认识。

2. 调查身边的创业团队，了解他们的组织架构及运行方式。收集优秀创业团队的案例，分析他们有何共通之处。

3. 如果你打算创业，在选择团队成员时有何要求？如果你是团队的领导者，你会如何管理团队？

笔记区

第六章 创业资源与创业融资

开篇故事

大学生"玩"出千万营业额网店

2014 年 3 月，丁奔带着玩票的心态开了自己的第一家卖棉拖的淘宝 C 店。而到 2015 年 9 月，他已经运营管理着三家天猫店。在不到三个半月的时间里，三家店的营业总额已经近千万元。

2015 年，22 岁的丁奔是浙江工业大学工商管理专业学生。用他的话说，开淘宝店也是误打误撞，是因为大学好哥们的父母在做棉拖批发生意，可以提供货源。虽然淘宝上卖棉拖的淘宝店已经泛滥，但丁奔一算，合租学校里的小仓库、淘宝押金加部分货款差不多 5 000 元的成本就够了。"投入不多，可以试试看。"

2014 年 3 月，他拉回第一批 12 个款式的 700 双棉拖。"第一步先拉同学朋友成本价买，两三天后，慢慢有客户来问价，我干脆就亏本卖，赚人气。棉拖利润低，生意好的时候，一天也就挣三四百元，差的时候就几十元。"丁奔把这个阶段形容为一个人的小打小闹。

但在这期间，他也意识到：小规模的棉拖淘宝店在激烈的竞争中是难以生存下来的，必须依附大的平台。他开始花大量时间钻研网店的运营。

转机发生在今年 9 月。"原先从批发商处进货，要比出厂价贵 2～3 元，没有价格竞争力。"回到老家创业的丁奔，想办法找到了在台州的拖鞋生产厂家，没想到，厂家也正想找人合作运营电商平台。"我向厂长提出，运营成本我承担，利润均分的合作方案。这相比其他运营团队提出几十万运营费，再利润抽成的办法，要更有竞争力。"丁奔说，在多次争取后，合作谈成了。

好运在半个月后再次降临。"偶然的机会，我得知还有其他天猫店店主也在这家厂进货，就辗转联系上了对方。"没想到，两人第一次见面就非常投机，聊了十几小时。这位有 2 家天猫店，去年销售额达 100 多万元的店主，当即和丁奔提出合作意向。丁奔的淘宝店也越来越红火。

（资料来源：改编自陶佳苹，纪驭亚：《大四男生"玩"出千万营业额网店》，载《农村经济与科技：农业产业化》，2016。）

模块一 寻找创业资源

名人语录

全社会都要重视和支持青年创新创业，提供更有利 **寻找创业资源** 的条件，搭建更广阔的舞台，让广大青年在创新创业中焕发出更加夺目的青春光彩。

——习近平

企业三要件——资源＋机会＋团队。

——蒂蒙斯

创业者在企业成长的各个阶段都会努力争取用尽量少的资源来推进企业的发展，他们需要的不是拥有资源，而是要控制这些资源。

——霍华德·史蒂文森

学习目标

（1）了解创业资源的分类。

（2）掌握各种资源的特性。

案例导入

快递送出新门路

"很多快递只能送到校门口，从宿舍跑到校门口至少也要 20 分钟，有些快递员就会不高兴。"浙江某学院的学生陈博肖看准了这个商机，在校内开办了一家"财经快递"。

这是一家专门为同学取快递而设的学生公司，他们与杭州一家规模较大的快递公司达成协议，专门负责校内快递的揽发和派送，学校方面也专门给他们配置了一间仓库。有了这家快递公司，学生的快递到了，公司会有专人打电话通知学生，学生则随时可以到公司仓库去取货，一下子方便了很多。

现在，"财经快递"基本上每天会有 500～600 份包裹，公司已经取得了可观的经济效益。

想一想：

阅读上面的案例，你觉得陈博肖得到的创业资源有哪些？

🏫 知识学习

所谓创业资源是什么？哪些是属于企业者的创业资源？简单来说，就是创业者拥有什么是能支持自己创业项目的。那么创业资源具体来说指什么呢？对于创业者而言，只要是对其创业项目和创业企业的发展有所帮助的要素，都可以纳入创业资源的范畴。新创企业在创造价值的过程中需要的特定的资产，包括有形资产与无形资产，它是新创企业创立和运营的必要条件，主要表现形式为：创业人才、创业资本、创业机会、创业技术和创业管理等。创业资源当中最基本的就是人力资源和资金，除此之外还包括了诸如销售渠道、技术支持、咨询机构、潜在客户、政府机构等各种形式多样的社会资源。

一、创业资源的分类

为了强化对创业资源的理解，我们有必要从不同的角度对创业资源进行分类。

从归属权的角度来看，可以把创业资源划分为内部资源和外部资源，如图 6-1 所示。

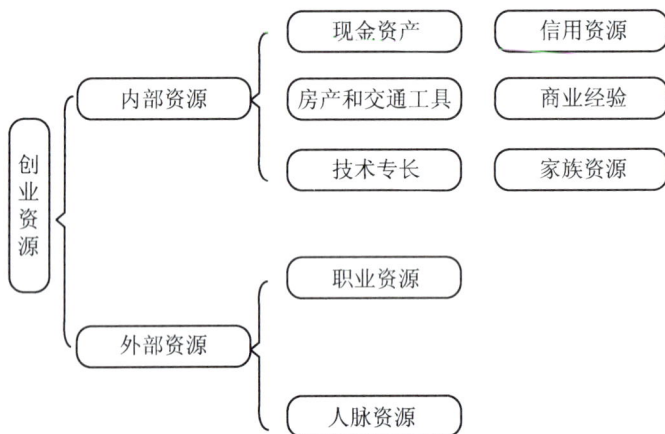

图 6-1　创业资源的划分

(一)创业者的内部资源

创业者的内部资源主要是创业者自身所拥有的能力，能够自由支配和使用的各种资源，如员工、土地、厂房、设备、材料、资金、技术等，甚至也可以是创业者及其员工的时间，也就是人们通常所说有形资产及无形资产。拥有一份良好的内部资源，对创业者来说无疑是重要的。

1. 现金资产

现金资产是指创业者本人及家庭可以随时支配的现金和银行存款，

请注意是可以支配的，所以创业要取得全家的支持，也要为家庭的生活留有余地。当然，易于变现的国债、股票等可以视同现金资产。

2. 房产和交通工具

这种资源一方面可以作为创业的硬件资源，另一方面也可以作为现金资产的补充，在需要的情况下，可以作为抵押品向银行或其他投资人申请融资。当然创业者更要弄清楚房产和交通工具是否可以支配，如果是以按揭方式购置的，则需要重新计量。

3. 技术专长

这里说的技术专长，包括有形的和无形的两种。

（1）有形技术专长

有形技术专长是指已申请成功的发明专利、实用新型专利和外观专利，或者是某一领域公认的专家，如注册会计师、律师、高级美工师、设计师、工程师、医生、心理咨询师等。

（2）无形技术专长

无形技术专长是指专有技术、科研成果或者对某个特定行业和领域的深入研究。

🎧 **创业故事**

巧用专利创业致富

工商管理专业博士、创业致富带头人杨远澄，学成后回到家乡却发现乡亲们依然很穷，所以就想利用山里的荒地种上牧草，加上玉米秆、甘蔗渣，用科学的方法养牛让乡亲们脱贫致富。于是他与同学周贵金成立了广西山水牛公司，计划打造中国自己的牛肉品牌。他利用93项专利让企业从千千万万的创业大军中脱颖而出，引领乡亲们走上了脱贫致富的路。

（资料来源：改编自黄志菱：《"牛博士"打造产业扶贫新名片》，载《当代广西》，2019(9)。）

4. 信用资源

创业者有没有信用污点对创业也很重要。如果没有，估计一下自己能够通过长期积累的信用资源干些什么事，或是有人根据自己的信用愿意投资，或是有人愿意借钱，或是有人愿意铺货，至少有人愿意在自己还没有支付工资的情况下为自己工作。创业者具备良好的个人信用、诚信资源是推动创业计划的关键因素之一。

5. 商业经验

商业经验，即创业者对市场经济和游戏规则的了解程度，尤其是对自己即将进入的行业的深入理解。各行各业之间千差万别，如果创业者

🔺 **笔记区**

没有深入研究和实践就贸然闯入，很有可能就让行业差距成为创业的绊脚石。

笔记区

6. 家族资源

创业者的家族资源介乎内部资源与外部资源之间，包括经济支持、商业经验、学习机会、人脉关系，甚至客户资源。

(二)创业者的外部资源

外部资源指的是创业者或者是创业企业并不具有归属权，但是通过某些利益共同点而可能在一定程度上加以配置和利用的各种资源。常见的外部资源如材料供应商、技术供给者、销售商、广告商，以及相关政府部门等，实际上就是商业环境中的相关条件性资源。在必要且条件成熟的情况下，创业者为了减少交易或者沟通成本，可以通过技术性的安排，把某些外部资源转化为内部资源。这里着重阐述两种重要的外部资源，即职业资源和人脉资源。

1. 职业资源

对创业者来说，效用最明显的外部资源首推职业资源。所谓职业资源，即创业者在创业之前，为他人工作时所建立的各种资源，主要包括项目资源和人际资源。充分利用职业资源，从职业资源入手创业，符合创业活动"不熟不做"的规则。尤其是在国内目前还没有像美国或欧洲国家一样普遍认同和执行"竞业避止"法则的情况下，选择从职业资源入手进行创业，已经成为许多人创业成功的捷径和法宝。据调查，国内离职下海创业的人员，90%以上利用了原先在工作中积累的资源和关系。

2. 人脉资源

创业者外部资源最重要的一点可能是人脉资源，即创业者构建其人际网络或社会网络的能力。人脉关系对于创业之初非常关键。

同学之间因为接触比较多，彼此比较了解，对于创业者来说，是值得珍惜的战略性外部资源之一。与同学相似的有同乡资源。同学资源和同乡资源，可并称为创业者最重要的两大外部资源。人脉资源有以下四种特性。

第一，长期投资性。平时要注意人脉资源的积累，不要事到临头才去找人帮忙，在公司工作也一样，因而必须尽早开始建立联系，人脉资源的形成需要很多时间和精力，这也是一种投资。

第二，可维护性和可拓展性。人脉资源可以通过合作、交流、关心、帮助、友情、亲情等进行维护，同时在维护中可以不断地发展新的人脉关系。

第三，有限性和随机性。每个人一生中能认识多少人？包括老师、同学、亲戚、同事、朋友、客户等，一般不超过500人，而能够真正帮助自己的一般不会超过50人，所以每个人的人脉资源都是有限的。创业者的发展同样也会受到其人脉资源的限制。

第四，辐射性。创业者的朋友如果无法提供帮助，但是朋友的朋友也许可以，这就是人脉资源的辐射性。

二、创业资源的管理

企业的创业资源主要有资金、人才、时间、市场等方面，而其管理包括这些资源的获取、分配和组织等方面的内容。

(一)资金管理

这是因为企业创业在内部发生，一般新业务由旧业务的收入来支撑，所以资金来源显得有保障。在这种资金获取办法下，由于新业务本身不但没有收益，反而必须投入大量的资金而导致新业务招损，因此，可能打击旧业务员工的积极性，对企业发展不利，特别是当企业从专业化向多元化转变时更是如此。解决这个问题的办法有：对新项目使用种子资助资金，采取内部风险投资的方式，或其他有偿使用资金的办法。

(二)人才分配

企业创业的另一个问题是人才支持。当项目处于种子阶段时，主要由少数几个人在运作和管理，一旦进入了孵育发展阶段，就必须有得力的人才来进行规划管理，因此，这里也存在一个新、旧项目争夺人才的问题。为了使新、旧项目的发展不受人才问题的影响，企业必须注意在发展过程中培养新的人才，稀释各部门的人才密度。

🔖 拓展阅读

企业招聘人才的标准

随着社会科技的发展，越来越多的重复性劳动被机器完成，已有的工作岗位呈线性递减，工作内容的重要性被突出。人才是衡量企业的标准之一，很多企业对人才的选拔极为重视。人力成本越来越高，包括：员工的社保、公积金、补贴、福利等，毫无疑问，人力资源已经成为很多企业最大的成本之一。那么如何选拔人才才能给企业带来发展呢？

首先，人品端正。人品涉及一个人的方方面面，如诚信、工作态度、友善、正直等，尤其是诚信，对于一个人的信誉影响会越来越大，可以说没有诚信的人无立足之地。未来社会的发展是合伙人制、股份制，不诚信的人显然无法被社会接受，淘汰出局。

其次，与企业价值观一致。每个公司有自己的企业文化，员工是否能够接受这种文化，价值观是否一致，考验一个人是否能够留下来、留得住、长久发展？事实证明，与企业价值观一致的员工，工作更加积极主动、认真端正，为企业的发展深谋远虑、出谋划策，更容易获得企业

笔记区

笔记区

的认可和赏识，可谓节节高。

再次，工作能力。工作能力的考核需要应聘岗位的上级领导亲自考核，并且上级领导一定要具备考核岗位的能力。马云的演讲提到，面试者在选拔人才的时候，往往选择比自己能力低的人才，这并不是面试者故意为之，而是人的本性如此、习惯如此。所以在面试的时候就要求面试者在同等薪资待遇水平下，能够慧眼识人才，选择真正适合公司的人。

最后，对自我有要求的人。对自己有要求的人，往往有自己的目标和想法，不会轻易跳槽，工作态度也是认真仔细，求取上进。这样的人加入企业会有很多创新的思想，为企业注入新鲜血液的同时，能够注入创新的思路和理念。

（资料来源：改编自《企业招聘人才的标准是什么？》，https://www.sohu.com/a/151361454_680160，2017-06-23。）

（三）工作时间分配

企业创业相对首创业来说，一个大问题是创业者的工作时间和精力难有保障。一般来说，企业内部的创业者既要完成当前的工作，又要进行开发工作，因此，工作时间分配经常顾此失彼。为了保障员工有充足的时间来孵化创新性的想法，组织应该从制度上给他们以保障，同时调整他们的工作负担，避免对员工各方面施加过多的时间压力，允许他们长时间解决创新问题。

（四）企业创业的营销资源管理

企业创业的营销资源管理，主要是指营销资源的分配和新市场的开拓。

企业创业是一种以市场为导向的活动，市场对新产品的接受程度直接关系到创业成败。但开始时，新产品在市场中几乎不为人所知，因此，企业必须集中销售资源，致力于新产品的市场开拓。这里也存在新、旧项目营销资源竞争的问题。为了解决这个问题，企业必须加大营销投入。

三、创业资源整合的原则

创业者能否成功地开发出机会，进而推动创业活动向前发展，通常取决于他们掌握和能整合到的资源，许多创业者早期所能获取与利用的资源都相当匮乏，而优秀创业者在创业过程中所体现出的卓越创业技能之一，就是创造性地整合运用资源。

（一）量力而行的原则

不仅对不同的资源需要渐进开发和使用，即使对同一种创业资源，也存在着逐步开发的问题。尤其是对于新的创业企业来说，其资源开发的能力和经验都相对比较弱，因此就需要采取量力而行的原则，按部就班地对所需要的创业资源进行开发和使用。

(二)渐进性的原则

对于任何一个创业企业或者创业团队来说，有利的创业资源往往都是难以短时间完成发掘、配置和利用的。因此，必须遵循渐进的原则，根据对资源的需求程度以及资源开发和利用的成本、收益和不确定性三者的综合考虑，逐步寻找和利用各种创业资源。

(三)提前的原则

整合外部资源的难度较大、进展相对也较慢，并且外部资源的发现也需要一定的过程，所以不能等到需要的时候再去考虑外部资源的整合，而是应当具有一定的超前眼光，适当提前酝酿和运筹。

(四)比选的原则

由于外部资源的多样性，使用每个外部资源都具有不同的收益、成本和不确定性，因此创业者要根据创业项目发展的需要、自身的实力以及这些资源的特点，找到尽量多的能够满足某一具体创业目标的资源要素，选择最合适的外部资源。

四、创业资源的整合方法

资源整合就是要优化资源配置，经过理智筛选、取舍、管理，从而获得部分乃至整体的资源。优化资源是整个创业活动的主线，大学生创业成功与否的关键就是是否能有效地整合资源。在创业中，不同的创业过程和环节，运用不同的整合方法进行资源整合，这样才能使创业资源发挥它应有的效用。

(一)寻找式资源整合

这主要是创业初期的资源整合方法，其基本方法是结合自身创业团队的资源情况，分析资源储备存在的不足，提出整合外界资源的方案，积极地寻找和整合所能利用的创业资源。

本阶段的资源整合强调：具备较强的预见力和洞察力。

(二)累积式资源整合

这主要是创业中期的资源整合方法，其基本方法是在初创企业的发展过程中，进一步了解创业资源的特征，对已有的资源进行准确的分析定位，并在此基础上进行进一步的整合利用，发挥资源的最大效能。

本阶段的资源整合强调：对已有的资源进行准确的分析定位。

(三)开拓式资源整合

这主要是企业取得初步发展之后的资源整合方法，其基本方法是把

笔记区

创新式思维注入其中，用创新的视角去寻找具有创新点的创业资源。特别是继续寻找企业新的增长点，在新的增长点上充分开拓和整合利用资源，这一点对创业基础较为薄弱的大学生创业者来说尤为重要。

本阶段的资源整合强调：创新能力。

模块二　获取创业融资

名人语录

民营经济是我国经济制度的内在要素，民营企业和民营企业家是我们自己人。
　　　　　　　　　　　　　　——习近平

一个企业98%的资源都是整合进来的。　——牛根生

获取创业融资

学习目标

(1)了解创业融资的方式和特点。

(2)掌握创业融资的渠道。

案例导入

透支信用卡作为启动资金

国际联合电脑公司创始人王嘉廉是全球第一个把软件公司做到10亿美元营业收入规模的人，也被称为是华人软件业中唯一能和比尔·盖茨并肩挑战的人。

王嘉廉在创业初期没有足够的资金，他找来几个合伙人一起凑，还不够。他们申请了能够申请到的所有信用卡，一起透支出最高金额作为补充。他们还想尽一切办法节约成本，比如，找了一个需要劳动力的房东，通过为房东干活儿抵消房租。

"这个月的收入进来我们再去还上个月的信用卡，然后再透支。好几个月，我们都靠这笔信用卡透支周转。"因为有这段经历，后来有人问王嘉廉，你和比尔·盖茨的区别是什么？他说："比尔不知道饥饿的滋味。"

(资料来源：改编自一米阳光：《"借"来的成功：四个白手起家的创业传奇》，载《名人传记(财富人物)》，2016(2)。)

想一想：

你觉得创业初期资金的获得方式还有哪几种呢？

知识学习

大学生创业者最头疼的问题莫过于"如何获得自己的第一桶金"。创业者如何能在最短的时间内获得所需资本，把握市场机会，迅速将好的创意转化为产品和服务，是绝大多数投资者所面临的难题。

对于白手起家的创业者来说，突破钱的关口，是迈出创业的第一步。关于大学生创业资金的主要来源，调查结果如图6-2所示。

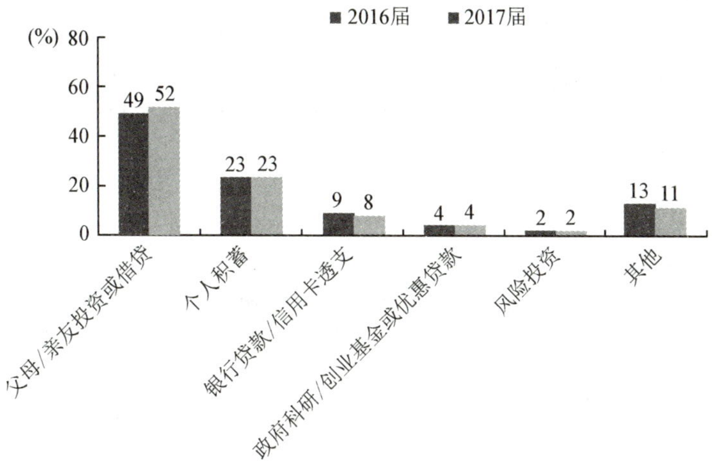

图 6-2　2016届、2017届高职高专毕业生自主创业的资金来源分布

目前解决这一问题的途径除了国家进行专项财政支持、银行细化贷款申请程序、风投公司降低对大学生投资的标准外，最重要的还是需要一些全国性或者国际性的协会介入，专门支持大学生创业，为大学生提供专业资金支持，尽力为大学生降低创业门槛。创业资金不应该成为创业者的拦路虎，如果资金都无法解决，创业就是一句空话了。

一、创业融资的方式

融资的方式分为自融资和外融资两种。自融资就是创业者自己出资或者从家庭好友筹集资金。外融资主要分为债务融资和股权融资两种融资。

(一)创业融资的方式

1. 自融资

所谓自融资就是创业者自己出资或者从家庭好友筹集资金，绝大多数创业者靠自融资创建企业，因为专业的投资机构只对那些有可能高速成长的企业投资，因为只有这样投资者才能实现高回报。能够获得这种专业投资的，只占创业企业的极少部分。即使是国内的创业大佬常常也是先靠自己的资金来开始最初的创业，包括阿里巴巴、京东、美团等。

自融资的好处是相对比较快速、灵活，投资者的自我激励和约束大。但现实中的主要问题是：相当多的创业者缺乏自融资的能力和渠道；自融资通常难以满足创业企业快速发展的资金需求。

2. 外融资

外融资主要分为债务融资和股权融资。债务融资是不会稀释创业者的股份，而获得银行贷款的一种融资行为，这种融资方式将大大缓解创业企业的资金压力，让公司可以更加健康持久地发展。

股权融资是需要出让创业者的股权的，过多的股权融资会大大稀释创业者的股份，这将大大降低对创业者的激励，对创业者并非是一件好事。但创业企业在快速发展的过程中常常需要流动资金和其他运营资本，股权融资就是一种快速融资的方式。

（二）创业融资的方法

外部投资者和创业者之间的严重信息不对称和创业企业发展的不确定性问题，是导致创业融资难的主要原因。那么创业者如何使创业融资能够有一个更好的解决方法呢？由于创业企业在不同发展阶段，我们将创业企业细分为三个阶段。

第一阶段是种子期，种子期主要的融资方法有三种：自融资（创始人、家庭、亲朋好友、信用卡短期透支等）、天使投资、创业投资。

第二阶段是初创期，初创期主要的融资方法有四种：天使投资、创业投资、政府所支持的小企业投资、大公司投资。

第三阶段是发展期，发展期又可以细分为成长期、扩张期、成熟期三种。成长期的融资方法：创业投资、大公司投资。扩张期融资方法：创业投资。

📖 **拓展阅读**

创业融资的误区

融资的过程对于创业者来讲，实质上是推销你的公司、推销你的产品和你的梦想的过程。成功的企业家之所以会成功，一个重要的原因就是他懂得怎样向经验最丰富的投资商推销他的第一商品——初创的企业，从而获得资金的支持。

误区之一：廉价出卖你的技术或创意

许多创业者急于得到启动或周转资金，往往在融资时急于求成。给小钱让大股份，轻易地贱卖技术或创意。"只要能获得启动资金就行"。在这种思想的指导下，有不少核心技术的拥有者非常廉价地把自己的技术或创意随随便便卖了。

误区之二：没有完善的融资战略设计

跟任何推销过程一样，在筹资和融资的过程中，也需要完善的策划和充分的准备。这是取得最佳融资效果的开端。但是，很多创业者只有总的战略策划和设计，却没有关于融资的具体战略设计。这是不应该的。

中小企业融资的具体战略设计是总体战略设计的一项重要内容，是总体战略的支撑性战略。因此，这一部分内容应该用心进行精细策划。

误区之三：过度包装或不包装

有些创业企业为了融资，不惜粉饰财务报表、甚至造假，进行"包装"融资，这是不应该的。其实，财务数据若是脱离了企业的基本经营状况，明眼人是一眼就能看穿的。

但也有另一种情况，有些创业企业认为自己经营效益好，应该很容易获得融资，不愿意花时间和精力去包装企业。要知道资金方看重的不只是企业短期的利润，而是企业的发展前景及企业可能面临的风险，更看重的是企业带领员工战胜风险的能力。对此，企业的主要领导应该有一个清醒、理性的认识和思索，在理性思路的前提下进行适度包装还是很有必要的。

误区之四：缺乏资金规划和融资准备

融资是企业发展过程中的关键环节，创业企业要获得快速发展，必须要有清晰的发展战略，并要从里到外营造一个资金愿意流入该企业、能够流入该企业的经营格局。

不少民营企业在发展过程中把企业融资当作一个短期行为来看待，希望突击拿款或突击融资，而实际上成功的机会很少。缺乏融资准备最典型的表现是多数创业者对资本的本性缺乏深刻的研究和理解。在这种情况下就去盲目进行融资，往往效果不佳。其实，资本的本性是逐利，不是救急，更不是慈善。因此创业企业在正常经营时就应该考虑融资策略，并要和资金方建立广泛联系。融资前，还应该先将企业梳理一遍，做好相应的准备。融资时，能够把企业及公司业务清晰地展示在投资者面前，让投资者看到给你资金之后逐利的可能性和现实性，他们才会放心。

误区之五：缺少必要的企业融资知识

很多创业者有很强的融资意愿，但缺少相应的融资知识。真正理解企业融资的人很少，很多融资者总希望托人打个电话，找个熟人，写个商业计划书，就能把钱贷到手，而不注重用心去研究企业融资知识。由于缺乏必要的融资知识，中小企业融资视野狭窄，只看到银行贷款或股权融资。不懂得或不知道除银行贷款和股权融资外，租赁、担保、合作、并购及无形资产输出和转让等方式都可以达到融资目的。其实，企

笔记区

笔记区

业融资是非常专业的，需要有丰富的融资经验，广泛的融资渠道，对资本市场和投资人要有充分的认识和了解，还要有很强的专业策划能力及解决融资过程中遇到的各种现实问题的运作能力。因此，融资者必须加强融资知识的学习和理解。还可以聘请企业融资顾问，从培育和铸造企业资金链的高度，帮助企业打造发展的资金支撑！

（资料来源：改编自《创业融资容易进入哪些误区？如何避免？》，https://www.douban.com/group/topic/102064487/，2017-05-02。）

二、大学生创业融资

（一）大学生创业融资的误区

初出茅庐的大学生在初次创业的道路上，除了面临社会经验、管理能力等方面的不足外，在创业融资方面也常常走入误区，最终使自己的努力功败垂成。目前，大学生创业融资的误区主要表现在以下三方面。

误区一：急于得到企业启动或周转资金，给小钱让大股份，贱卖技术或创意。有不少核心技术拥有者在公司运营一段时间后，对当初的投资协议深感不满并提出毁约，而这样做的后果只能使其在资本市场上失去信誉。

误区二：即便投资人不能提供增值性服务和指导，仍与其捆绑在一起。

误区三：对风险投资不负责任地使用，烧别人的钱圆自己的梦。每一轮融资中的投资者都将影响后续融资的可行性和价值评估。因此，对于尚处早期的创业公司来说，应引入一些真正有实力、能提供增值性服务、与创业者理念统一的投资者，哪怕这意味着暂时放弃一些眼前的利益。

（二）大学生创业融资的准备工作

资金作为公司的血脉，必不可少，因此融资问题对新创企业来说显得尤为重要。大学生们要想凭借自己的技术或创意获得应有回报，就必须解决好融资问题。针对上述三个误区，创业者在融资的过程中需要做好以下工作。

1. 正确评估自身价值

在制订融资方案之前，要准确评估自己的有形和无形资产的价值，千万不要妄自菲薄，低估了自己的价值。网易公司经过多轮融资和上市后，丁磊还拥有超过60%的股份，这说明丁磊在每轮融资的过程中用了少量的股份就达到了自己的目标，是我们学习的榜样。

2. 融资过程中要做好融资方案的选择

尽管国内的融资渠道还不是很健全，但方式比较多，主要有：合资、合作、外资企业融资渠道；银行及金融机构贷款；政府贷款；风险投资；发行债券；发行股票；转让经营权；BOT（建设－经营－转让）融资。

多渠道的比较与选择可有效降低融资成本，提高效率。通过上述途径得到的发展资金可以分为资本金和债务资金两类。债务资金（如银行贷款等）不会稀释创业者股权，而且可以有效分担创业者的投资风险，推荐优先使用。

3. 如果采用出让股权的方式进行融资，则必须做好投资人的选择

只有同自己经营理念相近，其业务或能力能够为投资项目提供渠道或指导的投资，才能有效支撑企业的成长。目前的关键问题是，大学生很难找到融资对象，找到一个就像发现了救命稻草一样，根本就没有讨价还价的余地，这样的融资肯定会给后续工作带来很多麻烦。出现这种问题的主要原因是信息不对称，因此创业者一定要加强对融资市场的信息收集与整理，在掌握大量情报资料的前提下作出最优的选择。

4. 创业不仅是实现理想的过程，更是使投资者、股东的投资保值增值的过程

创业者和投资者是一个事物的两个面，只有通过企业这个载体，才能达到双赢的目标。"烧投资者的钱圆自己的梦"的问题，说到底是创业者的信用问题，怀抱这种思想的人不会成为一个成功的创业者。能为股东创造价值的创业者才能得到更多的融资机会和成长机会。因此创业者不仅要加强自身的技术能力，还需要具备必要的道德风范。

(三)大学生创业融资的渠道

创业资金的筹集作为大学生创业成功的拦路虎，是大学生在创业初期不得不解决的问题。下面介绍几种大学生创业融资的渠道。

1. 政策基金

政策基金是由政府提供的创业基金，一般都降低或者免除了融资成本。大学生在申请政策基金时，不用担心投资方的信用问题。需要注意的是，申请政府创业资金有严格的程序要求，大学生应做好准备工作，应对其他融资者的竞争。

2. 高校创业基金

高校在大学生创业初期扮演着重要的角色，起着引导的作用。大多数高校均设有相关的创业基金以鼓励本校学生开展创业活动。

3. 亲情融资

亲情融资即向家庭成员或亲朋好友筹资。对于在校大学生来说，通过这种方式筹集资金的速度更快，获取成本也比较低。

4. 天使投资基金

天使投资基金是指自由投资者或非正式的风险投资机构，其资金大多来自于民间群体。天使投资并非专业的风险投资商，其门槛比较低，

笔记区

民间资本的投资操作程序也比较简单。

（四）大学生创业融资的建议

由上述内容可知，在当今社会，各界对大学生创业都有很大的关注，有很多机构也为大学生这个创业群体提供了优惠政策、资金、技术等的帮助，但是大学生的创业融资仍然还存在着很多问题。针对这些问题，我们提出以下几点建议。

1. 提高大学生素质教育

提高大学生的综合素质有助于降低大学生创业的融资风险。第一步就应该是高校加强大学的创业课程的教育，培养大学生的创业能力与创业意识，帮助大学生形成正确的世界观、人生观、价值观以及强烈的社会责任感与回报感。同时给予更多的物质激励和精神鼓励，最大限度地发挥大学生创业的主观能动性。

2. 选择合理的创业方向

针对许多风险投资公司不愿意投资大学生创业这一方面的问题，大学生创业者在创业时应选择具有创新性的创业方向，提高项目含金量。另外，大学生在初步创业时应选择启动资金少、容易开业且风险相对较小的行业，从而降低融资难度，节约成本。"方向有时比努力更重要"，创业正是这样，若不认清自己的能力与市场发展的大方向，大学生的创业公司必会湮灭于时代的浪潮下。在这种情况下，只有根据自身特点，找准落脚点，才能闯出一片真正适合自己的新天地。

3. 政府应有效贯彻落实大学生创业相关政策

政府及其相关机构出台了很多针对大学生创业融资的优惠政策，但是在这些政策实际落实中存在着很多问题。因此政府在加大出台各项优惠政策的同时，要注意合理性和真实有效性，使之能够对大学生真正地产生帮助。在这方面，政府首先要扩大资金规模，另外降低资金申请门槛，让更多的大学生创业者能够申请成功，获得资金支持。

4. 学校加强对学生创业能力的培养

现在，大多数的学校都重视对学生的知识教育，对学生的创业能力则不够重视。因此学校应该加强对学生创业能力的培养，多开设一些关于创业的实践培训课程，在授课内容与形式方面形成完整的创业教育体系，以此完善大学生的整体创业技能。

拓展训练

1. 创业资源有哪些？如何分类？
2. 创业资源有哪些整合方式？
3. 创业融资有哪些方式？其特点是什么？

4. 融资的渠道和方法有哪些？

5. 你和两个好友用三人的全部积蓄创建了一家创业企业，并且企业的发展也比较平稳，具有一定的发展前景。在经过了一年多的经营之后，由于销售货款积压以及一些没有预料到的后继投资问题的出现，企业在资金的周转上出现困难。在这种情况下，你将如何利用企业内外部的有效资源来解决这一问题？

笔记区

第七章 创业计划书的制订

开篇故事

大学生在读书过程中发现商机 开发 APP 获 300 万元投资

2014 年，两名在校大学生在考研复习过程中发现商机，开发出"边学边问"APP。

在中国创业服务峰会暨中国创业咖啡联盟年会上，"边学边问"APP项目在"挑战 120 秒"环节亮相，吸引了众多投资人的目光。而就在不到两个月前，他们通过 5 分钟的项目路演，获得了来自武汉某一公司的 300 万元投资。

考研复习中发现创业商机

李开是武汉某大学大四学生，与他同龄的古望军，就读于湖北某大学。两人是高中同学，双双由外地考到武汉读书。2014 年，两个好兄弟又决定一起考研。在考研复习数学时，古望军每当遇到难题不会解答，就会上网搜索，但常常找不到答案。各大考研资料社区大多是文本材料下载，没有题库搜索能力，论坛发问，得到的答案却并不权威……

古望军和李开碰面交流时"吐槽"：为什么中小学都有这样的问答类APP，唯独在大学这一块是空白？两人灵光一闪：能不能做一个大学生的学习问答社区，方便大家在考研、英语四六级考试，乃至各种考证的过程中实现互助学习？

"边学边问"应运而生。他们开发的这款 APP，是针对大学生群体打造的问答平台，使用者可以将问题发到 APP，由系统、网上高手或老师给出解答过程和思路。同时，还可以为用户提供高质量的考试考证经验、课程视频、学习笔记等干货内容，以及周边院校的讲座、选课指南及老师在线课程等。同时，APP 附加社交功能，设有"学霸圈""留学圈""四六级圈"等多个圈子，供大学生"扎堆"。

5 分钟路演吸引投资人

李开回忆，创业初期，他们没有贸然开始 APP 开发，而是进行充分的市场调研。他们将市面上可以找到的所有问答类 APP，都下载在手机上试用，最后选择了 5 个进行详细"解剖"，逐一分析各自的优劣。一个月后，他们决定在采用文字录入模式的同时，加入一键拍照的方法，采取图像识别技术，从图片中提取文字，再匹配题库。

2015 年 1 月中旬，项目团队正式入驻光谷创业咖啡，准备参加当年首场青桐汇路演，路演时间为 5 分钟。为了准备路演，他们特地撰写了创业计划书并制作 PPT，并在相关人员的指点下，对 PPT 进行了三次大改。

2015 年 1 月 24 日，古望军穿着租来的西装登上了路演舞台，由于创业"角度习"、项目特点突出，当场就有投资人表达了投资意向。

（资料来源：改编自武汉晚报：《武汉大学生考研复习发现商机　APP 获 300 万投资》，载《今日湖北（中旬刊）》，2015(2)。）

模块一　认识创业计划书

认识创业计划书

🎬 名人语录

青年学生富有想象力和创造力，是创新创业的有生力量。　——习近平

什么样的人适合创业？他们充满激情但也理性，热爱产品和用户。他们以身作则，工作勤奋，全力以赴。他们聪明，但是愿意专注。他们是产品和服务的最好的质检员和改进者，关注的同时不断去创新。

——李开复

🏠 学习目标

(1) 了解创业计划书的概念。
(2) 理解创业计划书的作用。
(3) 能撰写创业计划书。

🎞 案例导入

仓促开店的刘先生

2017 年，刘国从厦门大学毕业。毕业后刘国便进入国企工作，在国企待了 2 年，心高气傲的刘国并不满足于国企缺乏激情的生活。一次同学聚会，刘国和几个同学一沟通发现大家都有创业的想法，于是刘国迅

笔记区

速辞职，领着大家凑了点钱，开了冷面店。由于没有明确的创业计划，冷面店开店后各种问题源源不断，几个老板之间也是争吵不停，没过多久冷面店就倒闭了。

想一想：

(1)通过阅读上面的案例，你觉得冷面店倒闭的原因是什么？

(2)你觉得创业者在创业前期应该做什么准备工作？

知识学习

创业计划书是创业者对企业发展的整体规划，它不仅是企业融资所必须具备的基本工具，更能够使创业者通过计划书的编写重新审视企业的经营情况，深入了解企业的核心竞争力，评估企业的发展策略。如果有了一份详尽的创业计划书，就好像有了一份业务发展的指示图一样，它会时刻提醒创业者应该注意什么问题，规避什么风险，并最大程度地帮助创业者获得来自外界的帮助。

一、创业计划书的概念

创业计划书又称商业计划书，是指创业者就某一具有市场前景的新产品或服务向风险投资者游说，以取得风险投资的商业可行性报告。

创业计划书是创业者叩响投资者大门的"敲门砖"，是创业者计划创立业务的书面摘要，一份优秀的创业计划书往往会使创业者达到事半功倍的效果。

拓展阅读

创业计划书的"十要"与"三忌"

创业计划书的"十要"

(1)要精简。以2～3页的执行大纲为绪言，主体内容以7～10页为佳。注重企业内部经营计划和预算的说明，而一些具体的财政数据则可留待下一步会议时面谈。

(2)要第一时间让读者知道公司的业务类型，别在最后一页才提及经营性质。

(3)要声明公司的目标。

(4)要阐述为达到目标所制订的策略与战术。

(5)要陈述公司需要多少资金，用多久，怎么用。

(6)要一个清晰和符合逻辑的让投资者投资的策略。

(7)要提交企业的经营风险。

(8)要有具体资料，有根据和有针对性的数据必不可少。

(9)要将企业计划书附上一个吸引人且得体的封面。

(10)要预备额外的拷贝件以作快速阅读之用，还要准备好财政数据。

创业计划书的"三忌"

(1)忌用过于技术化的用词来形容产品或生产营运过程，尽可能用通俗易懂的条款，使阅读者容易接受。

(2)忌用含糊不清或无确实根据的陈述或结算表，比如，不要仅粗略说"销售在未来两年会翻两番"又或是在没有细则陈述的情况下就说"要增加生产线"等。

(3)忌隐瞒事实的真相。

二、创业计划书的作用

1. 帮助创业者自我评价，理清思路

在创业融资之前，创业计划书首先应该是给创业者自己看的。办企业不是"过家家"，创业者应该以认真的态度对自己所有的资源、已知的市场情况和初步的竞争策略作尽可能详尽的分析，并提出一个初步的行动计划。另外，创业计划书还是创业资金准备和风险分析的必要手段。对初创的风险企业来说，创业计划书的作用尤为重要，一个酝酿中的项目，往往很模糊，通过制订创业计划书，把正反理由都书写下来，然后再逐条推敲，创业者就能对这一项目有更加清晰的认识。

2. 帮助创业者凝聚人心，有效管理

一份完美的创业计划书可以增强创业者的自信，使创业者明显感到对企业更容易控制、对经营更有把握。因为创业计划提供了企业现状和未来发展的方向，也为企业提供了良好的效益评价体系和管理监控指标。创业计划书使得创业者在创业实践中有章可循。

创业计划书通过描绘新创企业的发展前景和成长潜力，使管理层和员工对企业及个人的未来充满信心，并明确要从事什么项目和活动，从而使大家了解将要充当什么角色，完成什么工作，以及自己能否胜任这些工作。因此，创业计划书对创业者吸引所需要的人力资源，凝聚人心，具有重要作用。

3. 帮助创业者对外宣传，获得融资

创业计划书作为一份全方位的项目计划，可以帮助创业者对即将展开的创业项目进行可行性分析，创业计划书在一定程度上也是拟建企业对外进行宣传和包装的文件，向风险投资商、银行、客户和供应商宣传拟建的企业及其经营方式，包括企业的产品、营销、市场及人员、制度、管理等各个方面。

一份完美的创业计划不但会增强创业者自己的信心，也会增强风险

笔记区

投资家、合作伙伴、员工、供应商、分销商对创业者的信心。而这些信心，正是企业走向成功的基础。

三、创业计划书的内容

一般来说，一个完整的创业计划书应包含以下几方面：封面、计划摘要、企业介绍、行业分析、产品介绍、组织结构、市场预测、营销策略、制造计划、财务规划、风险管理等。

（一）封面

封面，既要体现书的内容同时又要给读者以美的享受。封面设计要遵循平衡韵律和调和的造型规律，突出主题、大胆设想，运用构图，色彩、图形等元素设计出比较完美而富有情感的封面。

（二）计划摘要

计划摘要浓缩了创业计划书的精华。

计划摘要涵盖了计划的要点，以求一目了然，以便读者能在最短的时间内评审计划并作出判断。计划摘要一般包括以下内容：公司介绍、管理者及其组织、主要产品和业务范围、市场概貌、营销策略、销售计划、生产管理计划、财务计划、资金需求状况等。

摘要要尽量简明、生动。特别要说明自身企业的不同之处以及企业获取成功的市场因素。

📖 拓展阅读

摘要的关键问题

鉴于摘要在创业计划书中的重要地位，摘要一定要简明生动、精练贴切，不用面面俱到。可以试想一下，如果投资者在摘要中没有发现闪光点，创业计划书就有可能变成一叠废纸，扮演不了帮助创业者融资成功的角色；而摘要部分应提纲挈领，能吸引人继续读下去，同时让创业者有希望成功融资。一般来讲，写摘要时可围绕以下关键问题进行展开。

第一组问题：

你的创意由来和存在的理由是什么？

你的理念是什么？

你能准确、客观地描述你的目标市场吗？你了解它们吗？

你能给你的目标客户带来什么价值？他们为什么接受？

你预计市场占有份额和增长率会是多少？

你最大的竞争者是谁？你准备怎么办？

你需要多少投资？

第二组问题：

你预计需要多少融资？怎么安排资金？

销售额、成本及利润情况如何？

你会使用何种分销渠道？

你的核心能力是什么？

盈亏平衡点的业务量是多少？

你有专利吗？如何保护它？

第三组问题：

你的团队能胜任吗？为什么？你将如何分工？

你有行动时间安排表吗？列举行动计划。

为什么你是创业带头人？你能胜任吗？

(三)企业介绍

这部分的目的不是描述整个计划，也不是提供另外一个概要，而是对你的公司作出介绍，因而重点是你的公司理念和如何制订公司的战略目标。

(四)行业分析

在行业分析中，应该正确评价所选行业的基本特点、竞争状况以及未来的发展趋势等内容。

关于行业分析的典型问题：

(1)该行业的发展程度如何？发展动态如何？

(2)创新和技术进步在该行业扮演着一个怎样的角色？

(3)该行业的总销售额有多少？总收入为多少？发展趋势怎样？

(4)价格趋向如何？

(5)经济发展对该行业的影响程度如何？政府是如何影响该行业的？

(6)是什么因素决定着它的发展？

(7)竞争的本质是什么？你将采取什么样的战略？

(8)进入该行业的障碍是什么？你将如何克服？该行业典型的回报率有多少？

(五)产品介绍

产品介绍应包括以下内容：产品的概念、性能及特性；主要产品介绍；产品的市场竞争力；产品的研究和开发过程；发展新产品的计划和成本分析；产品的市场前景预测；产品的品牌和专利等。

在产品(服务)介绍部分，企业家要对产品(服务)作出详细的说明，说明要准确，也要通俗易懂，使不是专业人员的投资者也能明白。一般地，产品介绍都要附上产品原型、照片或其他介绍。

笔记区

(六)组织结构

在企业的生产活动中，存在着人力资源管理、技术管理、财务管理、作业管理、产品管理等。这里面每个环节都很重要。

其中投资人非常看重创始人的背景和产品的前景，如果创始团队背景非常亮眼或者创始人非常有魅力，都很容易取得投资人的信任和关注，相对而言也会比较容易拿到投资。

如果你的产品前景广阔，那就要让投资人充分了解，这样投资人会因为产品方向好而投资。

(七)市场预测

市场预测应包括以下内容：

(1)进行需求预测；

(2)市场现状综述；

(3)竞争厂商概览；

(4)目标顾客和目标市场；

(5)本企业产品的市场地位等。

(八)营销策略

对市场错误的认识是企业经营失败的最主要原因之一。

在创业计划书中，营销策略应包括以下内容：

(1)市场机构和营销渠道的选择；

(2)促销计划和广告策略；

(3)营销队伍和管理；

(4)价格决策。

(九)制造计划

创业计划书中的生产制造计划应包括以下内容：

(1)产品制造和技术设备现状；

(2)新产品投产计划；

(3)技术提升和设备更新的要求；

(4)质量控制和质量改进计划。

(十)财务规划

财务规划的重点是资产负债表、利润表、现金流表的制备。

流动资金是企业的生命线，因此企业在初创或扩张时，对流动资金需要预先有周详的计划，在进行过程中要严格控制；损益表反映的是企业的盈利状况，它是企业在运作一段时间后的经营结果；资产负债表则反映在某一时刻的财务状况，投资者可以用资产负债表中的数据得到的比率指标来衡量企业资产的质量、偿债能力、利润分配能力等。

(十一)风险管理

关于风险管理的问题有：

(1)你的公司在市场、竞争和技术方面都有哪些基本的风险？

(2)你准备怎样应付这些风险？

(3)就你看来，你的公司还有一些什么样的附加机会？

(4)你准备在你的资本基础上如何进行扩展？

(5)在最好和最坏情形下，你的五年计划表现如何？

如果你的估计不那么准确，应该估计出你的误差范围到底有多大。如果可能的话，对你的关键性参数做最好和最坏的设定。

📖 **拓展阅读**

编写创业计划书的六个 C(六要素)

第一个 C 是 Concept，概念。概念指的是你在计划书里面写的让别人可以很快地知道你卖的是什么。

第二个 C 是 Customers，顾客。有了卖的东西以后，接下来要考虑卖给谁，谁是顾客，要明确顾客的范围。例如，假定女人都是顾客，那50 岁以上的女人和 5 岁以下的女孩是否都是顾客，这一点需要界定清楚，即要明确适合的年龄层。

第三个 C 是 Competitions，竞争者。东西有没有人卖过？如果有人卖过，那是在哪里？有没有其他的东西可以取代？这些与竞争者的关系是直接的还是间接的？

第四个 C 是 Capabilities，能力。要卖的东西自己会不会，懂不懂？例如开餐馆，如果厨师不做了找不到人，自己会不会炒菜？如果没有这个能力，至少合伙人要会做，再不然也要有鉴赏的能力，不然最好不要做。

第五个 C 是 Capital，资本。资本可以是现金，也可以是资产，是可以换成现金的东西。那么资本在哪里？有多少？自有的部分有多少？可以借贷的有多少？这些都要很清楚。

第六个 C 是 Continuation，永续经营。当事业做得不错时，将来的计划是什么？

四、创业计划书必须要说明的内容

创业计划书就如一部功能超强的电脑，它可以帮助创业者记录许多创业的内容、创业的构想，能帮创业者规划成功的蓝图，而整个营运计划如果翔实清楚，对创业者或参与创业的伙伴而言，也许更能达成共识、集中力量，这无疑是帮助了创业者向成功迈进。

创业计划书必须要说明的内容如下：

笔记区

（1）创办企业的目的——为什么要冒风险，花精力、时间、资源、资金去创办风险企业？

（2）创办企业需要多少资金？为什么要这么多的钱？为什么投资人值得为此注入资金？

对已建的风险企业来说，创业计划书可以为企业的发展定下比较具体的方向和重点，从而使员工了解企业的经营目标，并激励他们为共同的目标而努力。更重要的是，它可以使企业的出资者以及供应商、销售商等了解企业的经营状况和经营目标，说服出资者（原有的或新来的）为企业的进一步发展提供资金。

创业计划书就是广大创业者心灵震颤的一种表达。

因此，在创业计划书中不仅应该以明确而清晰的思路和战略的眼光，讲明项目的背景和未来，论述市场的态势和竞争的优势，而且应该讲清运用的策略、发展的脉络。还应该阐明公司的组织架构，团队的人员结构，生产的安排设想，财务的运作和资金的来源、调度以及相应的公关战略等。

综观整个创业计划书，既要有战略的思索又要有战术的组织；既要有团队的建设又要有生产的安排；既要有市场的开拓又要有资金的调度；既要有竞争的严酷又要有公关的潇洒。

应该说，一份考虑详尽的创业计划书是创业者心灵的呼唤、价值的体现、能力的表达，是创业者经营管理才能的合成演练。

📖 拓展阅读

七招看你的创业计划是否可行

当你确定自己适合创业后，不必急着马上走上创业这条路，还必须先评估一下自己的创业计划是否可行。

（1）你看到过别人使用过这种方法吗？一般来说，一些经营红火的公司的经营方法比那些特殊的想法更具有现实性。在有经验的企业家中流行着这样一句名言："还没有被实施的好主意往往实施不了。"

（2）你真正了解你所从事的行业吗？许多行业都要求选用从事过这个行业的人，并对其行业内的方方面面有所了解。否则，你就得花费很多时间和精力去调查诸如价格、销售、管理费用、行业标准、竞争优势等信息。

（3）你能否用语言清晰地描述出你的创业构想？你应该能用很少的文字将你的想法描述出来。根据成功者的经验，不能将这些想法变成自己的语言的原因大概也是一个警告——你还没有仔细地思考吧！

（4）你的设想是为自己还是为别人？你是否打算在今后五年或更长时间内，全身心地投入到这个计划的实施中去？

(5)你的想法经得起时间考验吗？当未来企业家的某项计划真正得以实施时，他会感到由衷的兴奋。但过了一个星期、一个月甚至半年之后，将是什么情况？你的想法还那么令人兴奋吗？是否已经有了完全不同的另外一个想法来替代它？

(6)你有没有一个好的网络？开始办企业的过程实际上就是一个组织供应商、承包商、咨询专家、雇员的过程。为了找到合适的人选，你应该有一个良好的个人关系网。

(7)明白什么是潜在的回报。大部分人投资创业，其最主要的目的就是赚最多的钱。可是，在尽快致富的设想中隐含的绝不仅仅是钱，你还要考虑成就感、爱、价值感等潜在回报。如果没有意识到这一点，那就必须重新考虑你的计划。

经过自我分析后证明你适合创业，同时如果你也能正确回答上述几个问题，那么你创业成功的胜算将会很高，这时你就可以决定着手去创业了。

模块二　编写创业计划书

名人语录

创新是一个系统工程，创新链、产业链、资金链、政策链相互交织、相互支撑，改革只在一个环节或几个环节搞是不够的，必须全面部署，并坚定不移推进。
——习近平

编写创业计划书

工作上的执着实际上是人的一种意志。
——张近东

创业不像读书，一天可以过好多年，创业必须一步一个脚印走。
——周晋峰

学习目标

(1)了解创业计划书的编写流程。

(2)掌握创业计划书的检查重点。

案例导入

一份 2 200 万创业计划的故事

由 10 个某大学学生组建的一个创业团队，在"挑战杯"中国大学生创业计划竞赛中获得金奖，并赢来 2 200 万元的风险投资。该大学科技园孵化部经理王黎明透露，学生参赛的"食用菌废弃物循环利用项目"已被一家投资公司看上，将在近期签约投资 2 200 万元。

想一想：

（1）谈一谈你对创业计划书的认知。

（2）你觉得一份优秀的创业计划书应该有什么亮点？

知识学习

一、创业计划书编写的步骤

（一）准备阶段

创业计划书的编写涉及的内容较多，因而制订创业计划前必须进行周密安排。主要有如下一些准备工作：①确定创业计划的目的与宗旨；②组成创业计划小组；③制订创业计划编写计划；④确定创业计划的种类与总体框架。

（二）资料调查

以创业计划总体框架为指导，针对创业目的与宗旨，搜寻内部与外部资料。包括创业企业所在行业的发展趋势、产品市场信息、产品测试、实验资料、竞争对手信息、同类企业组织机构状况、行业同类企业财务报表等。资料调查可以分为实地调查与收集二手资料两种方法。实地调查可以得到创业所需的一手真实资料，但时间及费用耗费较大；收集二手资料较易，但可靠性较差。创业者可根据需要灵活采用资料调查方法。

（三）创业计划的形成

创业计划形成阶段要完成以下几项任务。

（1）拟订创业执行纲要

企业执行纲要主要是创业各项目概要。

（2）草拟初步创业计划

依据创业执行纲要，对创业企业的市场竞争及销售、组织与管理、技术与工艺、财务计划、融资方案以及风险分析等内容进行全面编写，初步形成较为完整的创业计划方案。

（3）修改完善阶段

创业计划小组在这一阶段对创业计划进行广泛调查并征求多方意见，进而提出一份较为满意的创业计划方案。

拓展阅读

成功的创业计划的特点

(1)成功的创业计划的特点：

清晰、简洁、令人信服；

清晰地展示创业者所做的市场调查、预期的市场起始规模和前景；

清晰地描述未来顾客的需求特征；

令人信服的解释"为什么客户会掏钱买创业者的产品或服务"；

适当描述未来"创业受阻"时的"投资退出策略"；

清晰地解释为什么本团队"最适合做这件事情"。

(2)失败的创业计划的弊病：

含混不清、过分乐观；

计划中出现了一些与产业标准、常规经验相距甚远的数据；

整个创业活动仅仅面向一种产品；

忽视竞争；

力图进入一个"过分拥挤的市场"。

(四)创业计划书的编写方法

在编写创业计划书时，应遵循正确的方法：

第一，做好工作计划，使创业计划书的写作过程有条不紊。

第二，始终围绕创业产品与服务进行展开，并经常性地评估产品或服务的创业价值。

第三，要充分寻求外部有关人员的指导与协助。

第四，在不断修改、补充中完善创业计划。一般来说，最终形成的创业计划的正式文本与创业计划草案可能相差很大，有的甚至面目全非。

第五，要针对创业计划的目标读者，设置计划项目的不同侧重点。风险投资商对创业计划中的市场增长及盈利性感兴趣。战略伙伴与主要客户关心产品、服务、市场、盈利及管理团队的运作能力。而主要雇员、管理队伍则主要想知道创业公司过去的成功记录及今后的发展前景。

(五)创业计划书的注意事项

(1)创业计划要重点突出、注重实效。每一份创业计划都应有自己独特的个性，要突出每一个创业项目的独特优势及竞争力。另外，要注意创业计划中所使用资料的时效，制订周期长的创业计划应及时更新有关资料依据。

(2)产品或服务描述使用专业化语言；财务分析要形象直观，尽可能地采用图表描述；战略、市场分析、营销策略、创业团队要使用管理学术语，尽可能做到规范化、科学化。

(3)创业计划内容多、涉及面广，因此，要求创业团队分工完成，但应由团队领导统一协调定稿，以免出现创业计划零散、不连贯、文风相异等问题。

(4)创业计划要详略得当、突出优势，机密部分略为简化，以防泄密。

📖 拓展阅读

目标市场的选择策略

目标市场的选择策略，即关于企业为哪个或哪几个细分市场服务的决定。通常有以下五种模式可供参考。

(1)市场集中化。企业选择一个细分市场，集中力量为之服务。较小的企业一般专门填补市场的某一部分。集中营销使企业深刻了解该细分市场的需求特点，采用针对性的产品、价格、渠道和促销策略，获得强有力的市场地位和良好的声誉，但同时隐含较大的经营风险。

(2)产品专门化。企业集中生产一种产品，并向所有顾客销售这种产品。例如，服装厂商向青年、中年和老年消费者销售高档服装，而不生产消费者需要的其他档次的服装。这样，企业在高档服装方面树立了很高的声誉，但一旦出现其他品牌的替代品或消费者流行的偏好转移，企业将面临巨大的威胁。

(3)市场专门化。企业专门服务于某一特定顾客群，尽力满足他们的各种需求。例如，服装厂专门为老年消费者提供各种档次的服装。企业专门为这个顾客群服务，能建立良好的声誉，但一旦这个顾客群的需求量和特点发生突然变化，企业就要承担较大风险。

(4)有选择的专门化。企业选择几个细分市场，每一个对企业的目标和资源利用都有一定的吸引力，但各细分市场彼此之间很少或根本没有任何联系。这种策略能分散企业的经营风险，即使其中某个细分市场失去了吸引力，企业还能在其他细分市场赢利。

(5)完全市场覆盖。企业力图用各种产品满足各种顾客群体的需求，即以所有的细分市场作为目标市场。例如，服装厂商为不同年龄层次的顾客提供各种档次的服装。一般只有实力强大的大企业才能采用这种策略。例如，IBM公司在计算机市场、可口可乐公司在饮料市场开发众多的产品，满足各种消费需求。

二、创业计划书的编写原则

(一)市场导向原则

利润来自市场的需求，没有明确的市场需求分析作为依据，所编写的创业计划将是空泛的、无意义的。因此，创业计划应以市场导向的观点来编写，要充分显示对市场现状的把握与未来发展的预测，同时要说明市场需求分析所依据的调查方法与实事证据等。

(二)文字精练原则

创业计划应该避免那些与主题无关的内容，要开门见山、直切主题，清晰明了地把自己的观点亮出来。风险投资家没有时间，也不愿意花过多的时间来阅读一些对他来说毫无意义的东西。文字精练，观点明确，能较容易引起投资者的注意和兴趣，提高融资成功的概率。

(三)前后一致原则

因为创业计划的内容复杂繁多，容易出现前后不一、自相矛盾的现象。如果出现这种情况，让人很难明白，甚至对计划产生怀疑。所以，整个创业计划前后的基本假设或预估要相互呼应、保持一致。

(四)呈现优势原则

编写创业计划书的重要目的之一是为投资人或贷款人提供决策依据，借以融资。因此，创业计划书要呈现出具体的竞争优势，显示经营者创造利润的强烈愿望，并明确指出投资者预期的报酬。但同时也应该说明可能遇到的风险或威胁，不能只强调优势和机遇而忽略不足与风险。

(五)便于操作原则

创业计划书是创业者拟订的创业行动蓝图，因此，它必须具有很强的可操作性，以便于实施。特别是其中的营销计划、组织结构、管理措施、应对风险的方法和策略等，必须具有可行性和可操作性。

(六)通俗易懂原则

计划书中应尽量避免技术性很强的专业术语。有些术语，不是谁都可以看得明白的，而且风险投资者更关心计划能为他们带来多大效益。过多的专业术语会影响到读者的兴趣，让他们觉得太深奥。即使不得已要使用专业术语，也应该在附录中加以解释和说明。

(七)客观实际原则

创业计划中的所有内容必须实事求是，即使是财务规划也要尽量客观、实际，切勿凭主观意愿进行估计。在创业计划中，创业者必须事先

笔记区

笔记区

进行大量的调查和科学分析，尽量陈列出客观、可供参考的数据与文献资料。

📖 拓展阅读

波特五力分析模型

迈克尔·波特于20世纪80年代初提出了波特五力分析模型，用以分析竞争战略和竞争环境。这五力分别是：供应商的讨价还价能力、购买者的讨价还价能力、潜在竞争者进入的能力、替代品的替代能力和行业内竞争者现在的竞争能力。

该模型的理论建立在以下三个假定基础之上：制订战略者可以了解整个行业的信息；同行业之间只有竞争关系，没有合作关系；行业的规模是固定的，因此，只有通过夺取对手的份额来占有更大的资源和市场。实际上，这三个假定是不现实的。因此，该模型在较大意义上是一种理论思考工具，而非可操作性的战略工具。

三、创业计划书的检查

由于创业计划书要准确回答投资者的疑问，争取投资者对创业企业的信心，因此，创业者在创业计划书编写完成后，可以从以下几方面对创业计划书进行检查。

(1)你的创业计划书是否显示出你具有管理公司的经验？

(2)你的创业计划书是否显示了你有能力偿还借款？

(3)你的创业计划书是否显示出你已进行过完整的市场分析？

(4)你的创业计划书是否容易被投资者所领会？创业计划书应备有索引和目录，以便投资者可以较容易地查阅各个章节。还应保证目录中的信息流是有逻辑的和现实的。

(5)你的创业计划书中是否有计划摘要，并放在了最前面？计划摘要相当于公司创业计划书的封面，投资者首先会看它。为了保持投资者的兴趣，计划摘要应写得引人入胜。

(6)你的创业计划书是否在文法上全部正确？

(7)你的创业计划书能不能打消投资者对产品(服务)的疑虑？

📖 拓展阅读

大学生创业计划书中的常见问题

大学生创业计划书中普遍存在一些问题。这里列举一些常见的问题，供准备创业的大学生参考。

（1）主题不够鲜明集中。想法很多，但是不善于收敛，或许是发散性思维使用很顺手，一旦需要按照可行性方向加以评价和收缩时，就有点难以取舍了。

（2）筹资方案不明确。不知道从哪里得到必需的资金，很多情况下就是创业团队自己"凑份子"，这些资金的来源和规模使人缺乏信心，因为大学生自己也没有钱，而为了创业需要家庭赞助，在现实中几乎也是不可能的。

（3）财务分析能力非常薄弱。在计算成本时考虑得不够全面，有关税费、财务费用及人工物料等成本要么漏算，要么抠门到不太现实的地步，而在预期收益上却不考虑完全可能的风险，在非常理想的情况下设想收益的丰饶和稳定，结果计算出来的收益率肯定是高于市场的实际水平。

（4）在生产、销售等环节的程序控制和细节管理等几乎完全没有考虑。创业者们以为这些常规性的工作不需要这些高手去应对，或者不屑于这些细枝末节，给人的印象是只要策划做好了，所有的常规运行就可以放心大胆地撒手不管不问。

（5）创业组织的结构、体制构想不明晰。有点像是无限连带责任的合伙制，但是也没有从法律上加以明确说明，多少有点哥们义气，在彼此信赖的基础上白手起家，对于长远发展过程中必然遭遇的产权明晰、责任划分等问题不予考虑。

（6）在项目设计上浪漫色彩偏重，一些看似亮丽实质无谓的品牌包装、形象设计不舍得删改，项目名称和标识很难联想到所在行业和市场定位，让人感觉晦涩、牵强。

拓展训练

1. 知识点练习。

（1）编写创业计划书有什么意义？

（2）一份好的创业计划书应包含哪些要求？

（3）为什么编写创业计划书的时候一定要创业者亲自参与？

2. 实训题。

选定一个创业项目，尝试写一份创业计划书。

笔记区

第八章　新企业的创建

开篇故事

不断尝试，90后女孩创业开花店

有个叫徐图的女孩，是个90后，是云南财经大学国际市场营销专业大三学生。当年用6 000元本钱开店，摸爬滚打了两年，月营业额已经达到3万元左右。徐图在财大小有名气，不少同学称呼她为"徐老板"，有时爸爸也这样开玩笑地叫她。尽管还在念大三，但徐图的创业史已有两年，且小赚了一笔，令人羡慕。

课余兼职让她萌发创业念头

大一进校时，刚刚17岁的徐图就趁课余时间做兼职，发过传单、卖过牛奶、当过信用卡业务员、代理过茶艺师培训资格，积累了不少经验。"其实我还是想创业。"怀着梦想，徐图四处搜集开店信息，最初打算开一家餐饮加盟店，但最后因加盟费太高而放弃。因为她只有6 000元积蓄。怎么办呢？徐图决定选一个门槛较低的行业。经过考察分析，她决定在家乡宣威开家女装店。说干就干，她先以350元的月租盘下一间铺面，交了2 100元的房租；为了省钱，她自己装修，花200元买来麻绳，再花100元买来乳胶漆刷墙，又花50元买了个旧柜台，花150元买来灯具，花200元买衣架、模特等，700元就搞定了室内装修。剩余的3 000多元，徐图进了第一批货，并雇用了一名店员。一年过去，这家小店赚了两万块。

确定创业目标，勇于尝试

2017年10月，徐图经过市场调查后发现，学校周围仅有两家花店，一家花艺技术不高，顾客对此有意见；另一家价钱较高，学生承受不起。徐图当即决定，在学校附近开一家花店，销售鲜花和盆栽，力争做到"花艺精美，价格低廉""让所有同学都能消费得起这份浪漫"。她随即将服装店以5 000元转让，用此前赚的两万元积蓄开始了第二次创业。

由于顾客主要是年轻大学生，徐图还给店铺取了个浪漫的名字——"那时花开"。自花店开张以来，由于物美价廉，生意一直较好，附近许多大学生前来光顾，每个月的营业收入在 3 万元左右，徐图又一次令人艳美不已。"对于没有资金、没有背景的大学生来说，我们只有双手和想法。如果想创业，别找借口说自己没钱，我也是靠自己平时积攒的；别找借口说自己没能力，能力都是锻炼出来的，只要有胆量和激情就够了，因为我们还年轻，应该用拼搏去预演明天。"

（资料来源：改编自《90 后女生不断尝试，创业回乡开花店，月营业收入达 3 万元》，https://www.sohu.com/a/240471232_117373，2018-07-11。）

模块一　新企业的创建条件与法律形式

名人语录

推动中国制造向中国创造转变、中国速度向中国质量转变、中国产品向中国品牌转变。　　——习近平

对所有创业者来说，永远告诉自己一句话：从创业的第一天起，你每天要面对的是困难和失败，而不是成功。我最困难的时候还没有到，但有一天一定会到。困难不是不能躲避，不能让别人替你去扛。但九年创业的经验告诉我，任何困难都必须你自己去面对。创业者就是面对困难。

　　　　　　　　　　　　　　　　　　　——马云

学习目标

（1）了解新企业的创建条件与法律形式及特点。
（2）熟悉新企业创建的相关法律问题。

案例导入

装修宿舍带来市场

余梓熔和几个同学出于相同的兴趣运营了 Dormi 这个创业项目。他们几个人的共同点就是喜欢装饰自己的宿舍。余梓熔说，"在 Dormi 的

笔记区

新企业的创建条件与法律形式

155

笔记区

概念里，大学生活应该更有生活的味道，不是中学的三点一线，宿舍也不再是只剩下门牌和方位来标识，它需要属于自己的小天地"。

仔细琢磨后，他们发现同样不愿趋于平凡而有装饰自己宿舍想法的大学生并不在少数，这个市场充满了商机，于是几个志同道合的人就办起了这样一个平台。通过参加学校组织的创业大赛，Dormi 获得了相应的奖项和奖金。Dormi 最大的竞争优势就是对学生群体的需求和消费心理的了解。他们自己就是学生，因此懂得学生在装饰自己宿舍时遇到的困难。

他们初衷是"不希望被格式化和快节奏淹没"，让宿舍有一种家的归属感，这或许有些理想化，但并非不可实现。Dormi 作为源于校园的创业项目，学生的身份和大学城这样一个相对人口密集且面积不大的区域，给校园创业提供了不少优势。

（资料来源：改编自《大学生创新创业案例》，https://www.sohu.com/a/132061880_355090，2017-04-05。）

想一想：

(1)通过阅读上面的案例，请思考创办新企业需要什么条件。

(2)余梓熔和他的团队成功的原因有哪些？

知识学习

一、新企业的创建条件

(一)是否具备创建新企业的外部环境

一个好的外部环境可以为创业者提供建立企业的良好时机。创业需要有适当的制度、政策、金融、市场、科技和人文环境。

(二)是否具有强烈的创业意识

很多创业者都是在强烈的"做老板"的意识下创建了自己的企业，在自己创办的企业里为自己工作，做自己喜欢的事情，实现自己的人生理想和抱负，这也是大多数创业者的创业动因。

(三)是否出现了有利的市场机会

市场机会源于创意，但并不是所有的创意都会成为市场机会。

(四)是否可以开发出能创造市场的产品

开发出能创造市场的产品是创业者起步创业的最为直接的可能性。

(五)是否有能创造市场的商业模式

21世纪是信息时代，因特网的飞速发展极大地推动了信息的数字化和网络化，信息的获取和传递变得非常容易。

(六)是否有机会掌握独立创业的独特资源

这里所说的独特资源有很多种，如获得了某种有利于自己独立创业的特许权就是一种独特资源。

二、新企业的法律形式

(一)个体工商户

个体工商户经营的主要法律依据是《个体工商户条例》。个体工商户是指有经营能力并依照《个体工商户条例》的规定经工商行政管理部门登记，从事工商业经营的家庭或户。

个体工商户的特征：

(1)个体工商户从事工商业经营的自然人或家庭。

(2)须依法登记。

(3)个体工商户业主须亲自经营。

(4)个体工商户可以起字号。

(二)个人独资企业

个人独资企业是指依照《中华人民共和国个人独资企业法》在中国境内设立，由一个自然人投资，财产为投资人个人所有，投资人以其个人财产对企业债务承担无限责任的经营实体。

个人独资企业的特征：

(1)个人独资企业由一个自然人投资设立。

(2)个人独资企业是一个企业实体，其设立需要符合法律所规定的场所、资金、人员等方面的条件。

(3)个人独资企业投资人的个人财产与企业财产不分离，投资人以其个人财产对企业债务承担无限责任。

(4)个人独资企业是非法人企业。

(5)个人独资企业的出资人可以自行管理企业事务，也可以委托或聘用其他具有民事行为能力的人负责企业事务的管理。

(6)个人独资企业一般规模较小，设立条件较宽松，设立程序较简便，进入或者退出市场也较灵活。

笔记区

笔记区

个体工商户和个人独资企业的不同

1. 是否可以设立分支机构？一般情况下，个人独资企业可以设立分支机构，而个体工商户不行。

2. 是否必须要有固定经营场所？在现实生活中，个体工商户可以没有固定的生产经营场所，也可以不起字号，但个人独资企业必须要有固定的生产经营场所和合法的企业名称。

3. 投资者与经营者是否必须统一？个体工商户的投资者和经营者必须为同一人，即投资设立个体工商户的自然人。而个人独资企业的投资人可以委托或聘用他人管理个人独资企业事务，即实现所有权和经营权的分离。

4. 会计核算要求怎么样？个人独资企业必须建立财务制度，以进行会计核算，但个体工商户由于情况复杂，是否需要统一建立会计制度，则争议较多。另外，个体工商户较难认定为一般纳税人，而符合条件的个人独资企业则可以认定为一般纳税人。

(三)合伙企业

合伙企业是指自然人、法人和其他组织依照《中华人民共和国合伙企业法》在中国境内设立的普通合伙企业和有限合伙企业。其中，普通合伙企业由普通合伙人组成，合伙人对合伙企业债务承担无限连带责任；有限合伙企业由普通合伙人和有限合伙人组成，普通合伙人对合伙企业债务承担无限连带责任，有限合伙人以其认缴的出资额为限对合伙企业债务承担责任。

合伙企业的特征：

(1)合伙企业的设立主体包括自然人、法人和其他组织。

(2)普通合伙人承担连带责任，即所有的普通合伙人对合伙企业的债务都有责任向债权人偿还，不管自己在合伙企业协议中所承担的比例如何。

(3)普通合伙人承担无限责任，即所有的合伙人不以自己投入的合伙企业的资金和合伙企业所有的全部资金为限，而以合伙人自己所有的财产对债权人承担清偿责任。

(4)合伙企业必须有合伙协议，合伙协议依法由全体合伙人协商一致、以书面形式订立。

📖 拓展阅读

合伙创业五大忌

一、不做充分的市场调查，盲目合伙。一旦合伙经营出现亏损，心理及经济承受能力差，往往相互埋怨、责备，引起纠纷。

二、不订协议。许多人法律意识淡薄，在合伙创业时，凭义气办事，什么事只是口头说一下，根本想不到订协议。因此，对合伙人的盈余分配、债务承担、退伙、合伙解体时的财产分配等均无规定，很容易产生纠纷。

三、一方私自处理合伙经营的财产。如金某与丁某合伙经营一个木材加工厂，效益不错。后丁某瞒着金某将加工厂进的一批木料低价出售给朋友。金某发现后，双方争执不下，金某诉至法院要求终止合伙协议。

四、不讲信用。如某单位纺织女工刘某、方某下岗后，商议合伙开美容店。双方约定各出资2万元。合伙协议签订后，刘某很快花数千元租金租了一间门面，并投资1万元装修，但方某的资金迟迟不到位，后突然提出不愿合伙，刘某遂诉至法院要求方某赔偿投资损失。

五、账目不清。合伙经营体必须做到账目公开，便于互相监督，若不懂会计知识，往往致使账目不清，导致合伙人互相不信任。

(四)公司制企业

公司制企业简称公司。《中华人民共和国公司法》所指的公司是指在中国境内设立的有限责任公司和股份有限公司。

1. 有限责任公司

有限责任公司是指由五十个以下的股东共同出资，股东以其出资额为限对公司承担责任，公司以其全部资产对公司的债务承担责任的企业法人。这种公司本质上是一种合资公司，但与股份公司相比也有人为因素。

(1)有限责任公司的特征

①有限责任公司是企业法人，有独立的法人财产，享有法人财产权。

②限定的股东人数，有限责任公司的股东人数为50人以下。

③有限责任公司以其全部财产对公司债务承担责任。

④有限责任公司的股东以其认缴的出资额为限对公司承担责任。

⑤有限责任公司的股东共同制定公司章程。

(2)一人有限责任公司的特征

一人有限责任公司是指只有一个自然人股东或者一个法人股东的有限责任公司。其具有以下特征：

笔记区

①一个自然人只能投资设立一个一人有限责任公司,该公司不能投资设立新的一人有限责任公司。

②一人有限责任公司应当在公司登记中注明自然人独资或者法人独资,并在公司营业执照中载明。

③公司章程由股东制定。

④公司不设股东会,股东做出决定公司的经营方针和投资计划时,应当采用书面形式,并由股东签名后置备于公司。

⑤公司应当在每一会计年度终了时编制财务会计报告,并经会计师事务所审计。

⑥公司的股东不能证明公司财产独立于股东自己的财产的,应当对公司债务承担连带责任。

2. 股份有限公司

股份有限公司是指将公司全部资本分为等额股份,股东以其所持股份为限对公司承担责任,公司以其全部资产对公司的债务承担责任。

股份有限公司的特征:

①股份有限公司是企业法人,有独立的法人财产,享有法人财产权。

②限定发起人人数,设立股份有限公司应当有 2 人以上 200 人以下为发起人,其中须有半数以上的发起人在中国境内有住所。

③股份有限公司以其全部资产对公司债务承担责任。

④股份有限公司的股东以其认购的股份为限对公司承担责任。

⑤股份有限公司股东共同制定公司章程。

⑥股份有限公司的设立可以采取发起设立或者募集设立的方式。

📖 拓展阅读

有限责任公司的优势和劣势

1. 有限责任公司的优势

(1)有限责任公司:由五十名以下的股东出资设立,每个股东以其所认缴的出资额为限对公司承担责任,公司以其全部资产对公司债务承担责任。有限责任公司,是公司的基本类型,被广泛采用。

(2)有限责任公司非常适合创业项目,尤其是在中前期,其优势集中体现在:允许股东在公司章程中,就诸多事项作出不同于公司法的个性化规定,譬如设置"同股不同权"机制(投票权比例、收益权比例与出资比例可以不一样)、规定股权转让的特别限制等。

(3)这些个性化规定,可以让创始人以非常低的成本就可实现控制权的集中以及收益权的合理分配,并能针对自身的具体情况,设置类似防火墙的措施,阻挡"门口的野蛮人"的恶意收购。

2. 有限责任公司的劣势

有限责任公司的局限性在于：公司法和证券法要求在国内上市的公司必须是股份有限公司，如果创业项目是有限责任公司，其未来在新三板、创业板、沪深主板上市时，就必须先改制（整体变更）成股份有限公司，才能提交上市申请。

如果创业项目未来要在国内上市，可以等到提交上市申请之前的一年左右，再着手将有限责任公司改制（整体变更）成股份有限公司。在此之前不要急，因为股份有限公司必须是"同股同权"的，不能像有限责任公司那样在公司章程中作出许多个性化规定。

（资料来源：改编自《注册有限责任公司的优势和劣势》，https://zhuanlan.zhihu.com/p/43177645，2018-08-28。）

三、各种企业组织形式的比较

各种企业组织形式没有绝对的好与坏之分，对创业者而言，需要考虑的是选择哪种企业组织形式更有利于创业企业的生存与发展。各种企业组织形式的优势与劣势的比较分析如表 8-1 所示，创业者必须选择合适的企业组织形式。

表 8-1　各种企业组织形式的优势与劣势

组织形式	优势	劣势
个人独资企业	①企业设立、转让和解散等行为手续简便，仅向登记机关登记即可，且费用低 ②创业者拥有对企业的控制权 ③企业经营灵活性强，可迅速对市场变化做出反应 ④利润归创业者所有，无须与他人分享 ⑤只需缴纳个人所得税，无须双重纳税 ⑥在技术和经费方面易于保密	①创业者承担无限责任 ②不易从企业外部获得信用资金，筹资困难 ③企业寿命有限，易随着创业者的退出而消亡 ④企业的成功更多地依赖创业者的个人能力 ⑤创业者投资的流动性低
合伙企业	①企业设立较简单和容易，费用低 ②企业经营具有高度的灵活性 ③企业资金来源较广，信用度较高 ④企业拥有一个整体团队的能力	①合伙人承担无限连带责任 ②财产转让困难 ③融资能力有限，企业规模受限 ④企业往往因关键合伙人的意外或退出而解散 ⑤在合伙人对企业经营有分歧时，决策困难

笔记区

续表

笔记区

组织形式	优势	劣势
有限责任公司	①股东对公司只承担有限责任，风险小 ②公司具有独立寿命，易于存续 ③公司所有权与经营权分离，聘任经理人管理，更能适应市场竞争 ④以出资人的出资额为限承担公司的经营风险 ⑤促使公司形成有效的治理结构 ⑥多元化的产权结构有利于科学决策 ⑦可吸纳多个投资人，促进资本集中	①公司设立程序比较复杂，费用较高 ②税收负担较重，存在双重纳税问题 ③不能公开发行股票，筹集资金的规模与渠道受限 ④产权不能充分流动，资产运作受限
一人有限责任公司	①设立比较便捷 ②运营与管理成本较低	①公司运营较困难 ②筹资能力受限 ③缺乏信用体系 ④财务审计条件较严格
股份有限公司	①股东只承担有限责任，风险小 ②公司具有独立寿命，易于存续 ③公司产权可以以股票形式充分流动 ④可聘任职业经理人管理，管理水平较高 ⑤筹资能力强	①公司创立程序复杂，费用高 ②税收负担较重，存在双重纳税问题 ③政府限制较多，法规要求比较严格 ④因公司要定期报告其财务状况，使公司的相关事务不能严格保密

四、新企业创建的相关法律问题

新企业创建时，创业者必须熟悉和掌握与新企业相关的法律知识，如知识产权法、劳动法、合同法等。法律法规不仅对新企业具有约束作用，而且会给新企业的运营与发展给以法律保护。遵纪守法的企业将赢得消费者的信任、供应商的合作、员工的信赖和政府的支持，甚至赢得竞争对手的尊重，也将为企业营造一个良好的生存发展空间。

(一)知识产权法

知识产权是指人们对自己创造性的智力劳动成果所享有的民事权利，如著作权、专利权、商标专用权等。知识产权法是调整知识产权的获取、利用和保护所涉及的社会关系的法律规范的总称。

1. 著作权法律制度

著作权过去称为版权。版权最初的含义是 Copyright，也就是复制权。著作权法最根本的目的是通过保护作品创作者的权利，发展本国的文化和科学技术事业。

在中华人民共和国境内，凡是中国公民，法人或者非法人单位的作品，不论是否发表都享有著作权；外国人的作品首先在中国境内发表的，也依著作权法享有著作权；外国人在中国境外发表的作品，根据其所属国与中国签订的协议或者共同参加的国际条约享有著作权。

2. 专利权法律制度

专利权简称专利，是发明创造人或其权利受让人对特定的发明创造在一定期限内依法享有的独占实施权，是知识产权的一种。

专利权是指专利权人在法律规定的范围内独占使用、收益、处分其发明创造，并排除他人干涉的权利。专利权具有时间性、地域性及排他性。

时间性，指法律对专利权所有人的保护不是无期限的，而是有限制的，超过这一时间限制则不再予以保护，专利权随即成为人类共同财富，任何人都可以利用。

地域性，指任何一项专利权，只有依一定地域内的法律才得以产生并在该地域内受到法律保护。

排他性，也称独占性或专有性。专利权人对其拥有的专利权享有独占或排他的权利，未经其许可或者出现法律规定的特殊情况，任何人不得使用，否则即构成侵权。

3. 商标权法律制度

商标是区别不同企业商品或者服务的一种标记。一般由文字、图形、字母、数字、三维标志、颜色或者声音，以及上述要素的组合构成，并注明在商品、商品包装、招牌、广告上面，是具有显著特征的标志。

《中华人民共和国商标法》规定，注册商标的有效期为 10 年。有效期限自该商标核准注册之日起计算。对已经注册的商标有争议的，可以自该商标核准注册之日起一年内，向商标评审委员会申请裁定。对核准注册前已经提出异议并经过裁定的商标，不得再以相同的事实和理由申请裁定。

📖 **拓展阅读**

哪些标志不能作为商标注册

(1)根据《中华人民共和国商标法》第十条规定，下列标志不得作为商标使用。

笔记区

①同中华人民共和国的国家名称、国旗、国徽、国歌、军旗、军徽、军歌、勋章相同或者近似的，以及同中央国家机关的名称、标志、所在地特定地点的名称或者标志性建筑物的名称、图形相同的；

②同外国的国家名称、国旗、国徽、军旗相同或者近似的，但经该国政府同意的除外；

③同政府间国际组织的名称、旗帜、徽记相同或者近似的，但经该组织同意或者不易误导公众的除外；

④与表明实施控制、予以保证的官方标志、检验印记相同或者近似的，但经授权的除外；

⑤同"红十字""红新月"的名称、标志相同或者近似的；

⑥带有民族歧视性的；

⑦带有欺骗性，容易使公众对商品的质量等特点或者产地产生误认的；

⑧有害于社会主义道德风尚或者有其他不良影响的。

县级以上行政区划的地名或者公众知晓的外国地名，不得作为商标。但是，地名具有其他含义或者作为集体商标、证明商标组成部分的除外；已经注册的使用地名的商标继续有效。

（2）下列标志不得作为商标注册。

①仅有本商品的通用名称、图形、型号的；

②仅直接表示商品的质量、主要原料、功能、用途、重量、数量及其他特点的；

③其他缺乏显著特征的。

前款所列标志经过使用取得显著特征，并便于识别的，可以作为商标注册。

（3）就相同或者类似商品申请注册的商标是复制、摹仿或者翻译他人未在中国注册的驰名商标，容易导致混淆的，不予注册并禁止使用。

就不相同或者不相类似商品申请注册的商标是复制、摹仿或者翻译他人已经在中国注册的驰名商标，误导公众，致使该驰名商标注册人的利益可能受到损害的，不予注册并禁止使用。

（4）生产、经营者不得将"驰名商标"字样用于商品、商品包装或者容器上，或者用于广告宣传、展览以及其他商业活动中。

（二）劳动法

劳动法，是典型的社会法，是调整劳动关系以及与劳动关系密切联系的社会关系的法律规范总称。

劳动法的基本原则：劳动既是权利又是义务的原则；保护劳动者合法权益的原则；劳动力资源合理配置的原则。

1. 劳动是公民的权利

每一个有劳动能力的公民都有从事劳动的同等的权利：

(1)对公民来说意味有就业权和择业权在内的劳动权。

(2)有权依法选择适合自己特点的职业和用工单位。

(3)有权利用国家和社会所提供的各种就业保障条件，以提高就业能力和增加就业机会。对企业来说意味着平等地录用符合条件的职工，加强提供失业保险、就业服务、职业培训等方面的职责。对国家来说，应当为公民实现劳动权提供必要的保障。

2. 劳动是公民的义务

这是劳动尚未普遍成为人们生活第一的现实和社会主义固有的反剥削性质所引申出的要求。

3. 保护劳动者合法权益的原则

(1)偏重保护和优先保护：劳动法在对劳动关系双方都给予保护的同时，偏重于保护处于弱者的地位的劳动者，适当体现劳动者的权利本位和用人单位的义务本位，劳动法优先保护劳动者利益。

(2)平等保护：全体劳动者的合法权益都平等地受到劳动法的保护，各类劳动者的平等保护，特殊劳动者群体的特殊保护。

(3)全面保护：劳动者的合法权益，无论它存在于劳动关系的缔结前、缔结后或是终结后都应纳入保护范围之内。

(4)基本保护：对劳动者的最低限度保护，也就是对劳动者基本权益的保护。

4. 劳动力资源合理配置原则

(1)双重价值取向：配置是否合理的标准是能否兼顾效率和公平的双重价值取向，劳动法的任务在于，对劳动力资源的宏观配置和微观配置进行规范。

(2)劳动力资源宏观配置：即社会劳动力在全社会范围内各个用人单位之间的配置。

(3)劳动力资源的微观配置：处理好劳动者利益和劳动效率的关系。

(三)合同法

合同法是国家制定的调整平等主体之间合同关系的法律规范的总和。其立法目的是为了保护合同当事人的合法权益。创业者学习合同法，有利于防止新企业盲目签约，防止与无签约资格、无履约能力或不讲信用的当事人签约；有利于确保合同内容的合法性与条款的完整性；有利于新企业获得合同纠纷的主动权。

五、新企业创建的相关伦理问题

所谓企业伦理(又称为企业道德)，是企业经营本身的伦理。不仅企业，凡是与经营有关的组织都包含有伦理问题。只要由人组成的集合体在进行经营活动时，在本质上始终都存在着伦理问题。一个有道德的企业应当重视人性，不与社会发生冲突与摩擦，积极采取对社会有益的行为。

在当今时代，如果企业只追求利润而不考虑企业伦理，则企业的经营活动已越来越为社会所不容，必定会被时代淘汰。也就是说，如果在企业经营活动中没有必要的伦理观指导，经营本身也就不能成功。树立企业伦理的观念，体现了重视企业经营活动中人与社会要素的理念。

（一）企业伦理的作用

伦理道德以其特有的社会功能对企业发展施以影响。在企业内部，伦理道德规范作为一种校正人们行为及人际关系的软约束，它能使企业人员明确善良与邪恶、正义与非正义等一系列相互对立的道德范畴和道德界限，从而具有明确的是非观、善恶观，提高工作效率和道德水准。伦理道德以其规范力量，有助于企业确立整体价值观和发扬企业精神，有助于群体行为合理化，提高群体绩效。没有伦理道德素质的普遍加强，最终将妨碍企业发展的力度和速度，甚至将企业的发展引上歧路。

在企业经营管理中，伦理道德发挥着以下作用。

（1）崇高的企业目标为企业发展指明了正确的方向。以发展生产力，提高经济效益，企业的发展与国家、民族乃至人类社会的发展相联系的崇高的目标作为企业追求的目标，赋予了企业一种庄严的使命感，为企业发展指明了方向。

（2）提高员工的道德素质有利于企业人力资源和物质资源的配置。

（3）管理者运用伦理手段可以调动员工的积极性和创造性，有利于企业在竞争激烈的市场中立于不败之地。

（4）管理者的人格魅力可以增加企业的内聚力。管理者的人格魅力主要由管理者的道德素质决定，它能产生威信，使管理者赢得员工的信任，有助于二者之间的沟通，它能产生感染力和号召力，使员工产生一种归属感、安全感、责任感，并进一步转化为对企业的忠诚，产生强大的内聚力。

（5）产品伦理道德内涵是企业立足社会的保证。产品质量、企业信誉和服务是一个企业立足社会的三大要素，产品伦理道德内涵意味着企业在生产经营过程中坚持一流的产品意识，坚持信誉高于一切和坚持一流的服务意识和行动。

（6）注重社会效益是企业长期发展的动力。企业在追求经济效益的同时，注重社会效益，企业不仅为社会提供优质的产品和服务，而且积极参与社会的公益活动，履行社会的义务，完成社会的使命，树立良好的企业形象。

(7)高尚的道德觉悟是企业间竞争与合作的基础。

(二)企业伦理建设中的误区

一个企业要在市场上生存和发展，其产品必须在市场上有销路，其生产经营活动必须带来经济利润，其资本必须不断增值并具有不断扩大再生产的能力，因此资本、劳动、技术、管理、利润对于企业生存和发展的重要性，人们很容易认识到。但是企业伦理对企业生存和发展的作用，却并不那么容易为人们所认识，而且往往存在着忽视或否认其重要性的各种认识上的误区。

误区一：认为企业是一种营利组织而非公益性慈善组织，其任务是生产、分配、交换物质财富和经济价值，因此它和伦理道德无关，也无须讲究企业伦理。

误区二：认为伦理上有问题的目的和手段，也可以达到企业利润的最大化，因而无须讲伦理。

误区三：认为讲伦理道德会使企业增加投入减少收入，对企业来说是经济上得不偿失的事情。

模块二　新企业的选址与注册登记

📽 名人语录

决不能因为胜利而骄傲，决不能因为成就而懈怠，决不能因为困难而退缩。

——习近平

什么是创业？如果你敢向自己承诺，愿意拿出人生最黄金的十年、十五年，甚至更长时间，决定玩这个游戏，愿意损失生活乐趣，甚至可能付出健康，这就是创业。艺术、文学、经济、政治，都是创业的舞台，它适合于任何不甘平庸、愿意承担风险的人，愿意为他人创造价值的人。对，奥巴马也是创业者。

——周鸿祎

🏠 学习目标

(1)了解新创企业选址的各种影响因素、选址的评估过程及步骤。

(2)熟悉新创企业的注册登记流程。

笔记区

📽 **案例导入**

英特尔投资大连

2007 年 3 月，美国英特尔公司宣布在中国大连投资 25 亿美元，建立一个生产 300 毫米晶圆的工厂。在同英特尔长达三年的艰苦"恋爱"时间里，大连击败群雄，在众多竞争对手中脱颖而出。

英特尔的严格是举世闻名的。在英特尔落户大连过程中，英特尔先后向大连提出了 1 000 多个问题，每个问题都要求在规定的时限内完成，而且答案要有详细明确的证据，英特尔还要暗中调查。比如，需要提供一份过去 100 年中关于大连地区地震情况的资料。英特尔的考察人员来大连，从来不事先通知政府部门，他们同大连方交流有自己的原则，即"三不准"：不准交换名片、不准递交资料、不准近距离接触。在这三年的时间里，英特尔究竟有多少人次来大连考察访问，谁也统计不出来。据大连市有关部门保守估计，至少也有 400 多人次。

（资料来源：改编自《英特尔投资 25 亿在大连建厂》，载《电子知识产权》，2007（04）。）

想一想：

你觉得英特尔在进行新厂选址的时候会考虑哪些问题？为什么？

🏫 **知识学习**

一、新企业的选址

对新企业来说，选址是关系企业发展成败的关键因素。企业选址是指企业在开业之前对经营地址进行论证和决策的过程。创业者要充分认识到企业选址对企业经营发展的重要性，对影响企业选址的诸多因素进行科学分析，掌握企业选址的策略和技巧。

新企业的选址

（一）新企业选址需要考虑的因素

1. 经济因素

一般来说，新企业设立在关联企业和关联机构相对集中的地区就会相对容易获得成功。

2. 技术因素

由于新技术对于高科技新企业的成功起着关键作用，因此相当多的高科技企业在创业选址时，把企业建在技术研发中心附近或新技术信息传递比较迅速的地区，以便在第一时间掌握技术的变化趋势，规避技术进步的不确定性带来的风险。

3. 政治因素

新企业必须考虑政府对相关产业的政策，将企业建在政府支持该产业的地区，尤其是进行跨国经营时，创业者必须考虑经营所在国的政治环境，评估该环境对企业提供的产品或服务、分销渠道、价格、促销策略等造成的影响。

4. 社会文化因素

不同地域的社会习俗、文化价值观、生活态度等方面差别很大，社会对安全、健康、营养及环境的关注程度也不尽相同，因此新企业在选址时，如果不考虑上述因素，其所提供的产品或服务就很可能不被其所在地的市场接受。

5. 自然因素

在新企业选址时，创业者还必须考虑气候变化、地质状况、水资源可利用性等自然因素，这些因素可能影响企业日常生产经营调度、原材料供给、安全生产等方面。

(二)新企业选址的思路

1. 生产性质的新企业选址

生产性质的新企业在选址时要考虑周边地区具备的生产条件：交通方便，便于原料运进和产品运出；生产用电要充足，生产用水要保证。

2. 商业性质的新企业选址

商业性质的新企业在选址时应考虑创业地点的实际情况、客流量、店铺租金等方面。

3. 服务性质的新企业选址

服务性质的新企业在选址时要根据具体的经营对象灵活选址，但对客流量要求较高。

(三)新企业选址的步骤

1. 市场信息收集研究

在新企业开始选址时，首先创业者必须依据影响选址的各种因素，自己或借助专门的调查机构收集市场信息，并对收集到的信息进行整理分析，信息收集研究的效果将对后期的选址决策产生非常重要的影响。

2. 多地点评价

对市场上各种信息收集研究后，创业者应该得到若干关于新企业厂址的候选地，此时可以借助科学的定量方法进行评价。

3. 最终地点确定

当创业者在分析市场信息的基础上，结合所要进入行业的特点及自己企业的特征，运用以上一种或几种方法进行评估后，将最终确定某一候选地为新企业的地址，从而完成选址决策。

笔记区

笔记区

(四)商业选址调查

1．人口密度

一个地区的人口密度可以用每平方千米的人数或户数来衡量。人口密度越高，则选址商店的规模可相应越大。

2．潜在消费者的数量

每个人都可以是商店的消费者，因此创业者在选择店址时必须了解当地的人口总数、人口密度、人口增长情况、人口年龄结构等。

3．交通地理条件

商店附近的交通状况会在很大程度上影响商店的经营状况，尤其是住宅区，上班与下班的高峰时间，街道两旁的行人、车辆，可呈现明显的差距，因此创业者一般在商店选址时都会考虑交通路线问题。

4．购买力

消费水平取决于收入水平的高低，因此商店附近人口的收入水平对店址地理条件有决定性的影响。

5．竞争程度

如果商店经营的是挑选性不强、购买频率较高的日用消费品，在同一地区又有很多同行在恶性竞争，那么势必会影响商店的经济效益，除非新设的商店有特殊的经营风格、能力或不寻常的商品来源，否则很难成功。

6．未来有何变化

创业者在进行选址时要清楚城市建设的规划，包括短期规划和长期规划。

🎧 创业故事

肯德基的选址策略

不管开什么店选址总是创业的第一步，开店如何选址？肯德基的选址策略无疑是成功的。

一、选择人流量较大的地段

人流量较大的地段有：①城镇的商业中心；②车站附近；③医院门口；④学校门口；⑤人气旺盛的旅游景点；⑥大型批发市场门口。

二、针对目标消费群

肯德基的目标消费群是年轻人、儿童和家庭成员。所以在布点上，一是选择人潮涌动的地方；二是在年轻人和儿童经常光顾的地方。

三、着眼于今天和明天

肯德基布点的一大原则，是一定二十年不变。所以对每个点的开与否，都通过3～6个月的考察，再作决策评估。

四、讲究醒目

肯德基布点都选择在一楼的店堂，透过落地玻璃橱窗，让路人感知肯德基的餐饮文化氛围，体现其经营宗旨：方便、安全、物有所值。由于布点醒目，便于顾客寻找，也吸引人。

五、不急于求成

黄金地段、黄金市口，业主往往要价很高。当要价超过投资的心理价位时，肯德基不急于求成，而是先发展其他地方的布点。

六、优势互补

肯德基开"店中店"选择的"东家"，不少是品牌信誉较高的，如新安广场、津汇广场等。知名百货店为肯德基带来客源，肯德基又吸引年轻人逛商店，起到优势互补的作用。

（资料来源：改编自王韵著：《快餐巨头麦当劳选址策略分析》，载《商场现代化》，2017(18)。）

二、新企业的注册与开业

（一）注册登记

企业注册是指创业者根据国家法律法规相关规定获得合法经营手续的行为。为规范企业行为，保护企业及股东合法权益，维护社会经济秩序，促使社会主义市场经济发展，新企业必须经国家登记机关依法登记，领取营业执照。未经国家登记机关登记的，不得以公司或企业的名义从事经营活动。新企业的注册流程如下。

新企业的注册登记

步骤一：企业名称预先核准

企业名称预先核准是企业名称登记的特殊程序，指的是设立公司应当申请名称预先核准，这样可以使企业避免在筹组过程中因名称的不确定性而带来的登记申请文件、材料使用名称杂乱，并减少因此引起的重复劳动、重复报批现象。

申办人提供法人与股东的身份证复印件（或身份证上的姓名即可），并提供公司名称2～10个，写明经营范围，出资比例（据工商规定：字数应在60个内）。例：北京（地区名）＋某某（企业名）＋贸易（行业名）＋有限公司（类型），其中行业名要规范。由各行政区工商局统一提交到市工商行政管理局查名，由工商行政管理局三名工商查名科注册官进行综合审定，给予注册核准，并发放盖有市工商行政管理局名称登记专用章的"企业名称预先核准通知书"。

📖 拓展阅读

公司起名的注意事项

一个公司的名称从各个方面影响着公司的发展与成就，所以，在给公司起名时切忌随意盲目，不然会给公司的经营带来不可估量的损失。

好的公司名称从一定的角度上来讲就是为公司打响一个好的广告，不需要其他的工作，仅仅叫出公司的名字就可以为公司的宣传起到不小的积极作用。

1. 公司起名的五大误区

①语意隐晦：寓意隐晦就是语音过于深奥，别人看不懂。就像选用冷僻字一样，意思虽好，没有人懂，寓意再好也没有意义。

②不吉：含义不吉利是商业起名的大忌。因为它不但让名字的主人产生不好的联想，更重要的是它会影响到别人对主体的接受，不论主体是一个人、一个企业，还是一件商品。

③偏字：商标名称是供消费者呼叫的，本应考虑到用字的大众化问题，有些人之所以使用冷僻字取名，是以为能否取出好名字取决于能否选到个好字眼。所以，一提到取名，首先想到的便是去翻《康熙字典》。殊不知，实际情况则恰好相反。

④多音：以多音字取名，名字有两个或更多的发音时就更容易让人感到无所适从。当然并不是说取名绝对不能用多音字。但至少要保证别人能够确定其读音，不至于读错。

⑤相似：与其他公司名称雷同近似。

2. 公司起名的十句口诀

①生产与广告一体化，产品与名称系统化；

②好说、好念、顺口；

③能被人从众多品牌之中一眼发现；

④好记、让人过目不忘；

⑤产品的用途、功能与独特性，一目了然；

⑥创意富有特色，不与他人雷同；

⑦产品有后劲，有进一步深入开发的可能性；

⑧易引起人的美好联想；

⑨商品有格调，有品位。

步骤二：提供证件材料

新注册公司申办人提供一个法人和全体股东的身份证复印件各一份以及相应要求的材料。相关行政机关如有新规定，由开发区和申办人按照国家规定相互配合完成。

步骤三：报送审批特许项目

如有特殊经营许可项目还需相关部门报审盖章，特种行业的许可证办理，根据行业情况及相应部门的规定不同，分别分为前置审批和后置审批。特种许可项目涉及卫防、消防、治安、环保、科委等。

步骤四：刻章

企业办理工商注册登记过程中，需要使用图章，因此由公安部门刻出：公章、财务章、法人章、全体股东章、公司名称章。

步骤五：验资

验资，即按照《中华人民共和国公司法》规定，企业投资者需按照各自的出资比例，提供相关注册资金的证明，通过审计部门进行审计并出具"验资报告"。

步骤六：申领营业执照

工商局对企业提交材料进行审查，确定符合企业登记申请，经工商行政管理局核定，即发放工商企业营业执照，并公告企业成立。

步骤七：代码证

公司必须申办组织机构代码证，企业提出申请，通过审定，由中华人民共和国国家质量监督检验检疫总局签章。

📖 拓展阅读

新企业登记需要提交的文件

1. 个人独资企业登记需要提交的文件

投资人申请设立登记个人独资企业，应当向登记机关提交下列文件：投资人签署的个人独资企业设立申请书；投资人身份证明；企业住所证明；国家工商行政管理总局规定提交的其他文件。从事法律、行政法规规定须报经有关部门审批的业务的，应当提交有关部门的批准文件。委托代理人申请设立登记的，应当提交投资人的委托书和代理人的身份证明或者资格证明。

2. 合伙企业登记需要提交的文件

申请设立合伙企业，应当向企业登记机关提交下列文件：全体合伙人签署的设立登记申请书；全体合伙人的身份证明；全体合伙人指定代表或者共同委托代理人的委托书；合伙协议；全体合伙人对各合伙人认缴或者实际缴付出资的确认书；主要经营场所证明；国务院工商行政管理部门规定提交的其他文件。法律、行政法规或者国务院规定设立合伙企业须经批准的，还应当提交有关批准文件。

3. 有限责任公司登记需要提交的文件（包括一人有限责任公司）

申请设立有限责任公司，应当向公司登记机关提交下列文件：公司法定代表人签署的设立登记申请书；全体股东指定代表或者共同委托代理人的证明；公司章程；股东的主体资格证明或者自然人身份证明；载明公司董事、监事、经理的姓名、住所的文件及有关委派、选举或者聘用的证明；公司法定代表人任职文件和身份证明；企业名称预先核准通知书；公司住所证明；国家工商行政管理总局规定要求提交的其他文件。法律、行政法规或者国务院决定规定设立有限责任公司必须报经批准的，还应当提交有关批准文件。

4. 股份有限公司登记需要提交的文件

申请设立股份有限公司，应当向公司登记机关提交下列文件：公司

笔记区

法定代表人签署的设立登记申请书；董事会指定代表或者共同委托代理人的证明；公司章程；发起人的主体资格证明或者自然人身份证明；载明公司董事、监事、经理姓名、住所的文件及有关委派、选举或者聘用的证明；公司法定代表人的任职文件和身份证明；企业名称预先核准通知书；公司住所证明；国家工商行政管理总局规定要求提交的其他文件。以募集方式设立股份有限公司的，还应当提交创立大会的会议记录及依法设立的验资机构出具的验资证明；以募集方式设立股份有限公司公开发行股票的，还应当提交国务院证券监督管理机构的核准文件。

步骤八：税务登记证

办理税务应提供的材料：经营场所租房合同复印件；所租房屋的房产证复印件；固定电话；通信地址。

如新公司需领取增值税发票还应准备以下材料：

(1)经营场所的租房合同复印件一份。

(2)经营场所的产权证复印件一份。

(3)租金发票复印件一份。

注：如企业投资人，在自有房产内办公(法人或股东自有产权内办公)，只需提供自有房产的产权证复印件即可，(1)～(3)不必提供。

(4)财务人员会计上岗证复印件一份。

(5)财务人员身份证复印件一份。

注：如企业无财务人员，由开发区的会计进行财税服务，(4)和(5)不必提供，由开发区代理记账财务人员自行提供。

(6)企业法人照片一张。

(7)另需企业购买发票人员的照片一张，身份证复印件一份，办理发票准购证件。

步骤九：银行开户

在开设银行基本账户时，可根据自己的具体情况选择银行，企业设立基本账户应提供给银行的材料：

(1)营业执照正本原件、并复印件3份。

(2)组织机构代码证正本原件，并复印件3份。

(3)公司公章、法人章、财务专用章。

(4)法人身份证原件，并复印件3份。

(5)国、地税务登记证正本原件，并各复印件3份。

(6)企业撤销原开户行的开户许可证、撤销账户结算清单、账户管理卡。

一般一个星期后可到开户行领取基本账户管理卡。

注：①企业有销户凭证的，应在开户时一并交于银行；如非企业法人亲自办理还需提供代理人的身份证原件。②以上材料为通常银行所需，

如果开户银行有新要求或新规定，企业应以银行为准。

📖 拓展阅读

单位银行结算账户的基本用途

单位银行结算账户按用途不同，可分为基本存款账户、一般存款账户、专用存款账户和临时存款账户。

(1)基本存款账户是企业办理日常结算和现金收付的账户，企业的工资和资金等现金的支取，只能通过基本存款账户办理。基本存款账户只能选择一家银行的一个营业机构开立，不得在多家银行机构开立。

(2)一般存款账户是存款人因借款或其他结算需要，在基本存款账户开户银行以外的银行营业机构开立的银行结算账户。一般存款账户用于办理存款人借款转存、借款归还和其他阶段的资金收付。该账户可以办理现金缴存，但不得办理现金支取。该账户的开立数量没有限制。一般存款账户自正式开户起三个工作日后，方可办理付款业务，但因借款转存开立的一般存款账户除外。

(3)专用存款账户是企业按照法律、行政法规和规章，对其特定用途资金进行专项管理和使用而开立的银行结算账户。

(4)临时存款账户是企业临时经营活动需要开立的账户，企业可以通过本账户输入或转出资金。

步骤十：发票购用簿

由企业向所在税务局申请，领取由国家税务局与地方税务局共同监制的发票购用印制簿，企业申领发票时，必须向税务机关出具发票购用印制簿。

步骤十一：开设纳税专户

开设纳税专户需提供：

(1)公章、法人章、财务专用章。

(2)法人身份证复印件。

(3)基本账户管理卡。

(4)填写纳税专户材料。

步骤十二：购买发票

购买发票需提供：

(1)发票购用簿及填写发票申请报批表。

(2)办税人员(一般为财务人员或企业法人、职员等)的身份证、证件照2张、办理发票准购证。

(3)公章、法人章、发票专用章、税务登记证原件。

办税人员本人与公司财务负责人员同去税务部门。第一次领发票需

笔记区

笔记区

法人签字，即需要法人同去税务部门。

(二)择日开业

在所有的前置手续全部完成后，创业者就可以择日开业了。

拓展训练

1. 教师布置实训项目及任务，并提示相关注意事项及要点。

2. 将班级成员划分为4～5个小组，小组成员既可以自由组合，也可以由教师指定组合。小组人数划分视班级总人数而定。每个小组选出组长1名。

3. 以小组为单位，按照创业计划来选择企业的法律形式，并提供选择的依据。

参考文献

[1]李宇，陈文婷. 创新创业基础[M]. 沈阳：东北财经大学出版社，2018.

[2]娄春伟，白超. 创新创业基础"互联网＋"创业[M]. 成都：电子科技大学出版社，2016.

[3]罗晓彤. 大学生创新创业基础[M]. 成都：四川科学技术出版社，2018.

[4]舒良荣，杨颖. 大学生创新创业基础[M]. 北京：国家行政学院出版社，2017.

[5]张汝山. 创新与创业思维[M]. 北京：国家行政学院出版社，2017.

[6]孟喜娣，王莉莉. 职业生涯规划[M]. 北京：北京邮电大学出版社，2017.

[7]刘国新，王光杰. 创业风险管理[M]. 武汉：武汉理工大学出版社，2004.

[8]曾增. 创业融资那些事儿[M]. 北京：中国铁道出版社，2017.

[9]张蔚虹. 创业企业融资与理财[M]. 西安：西安电子科技大学出版社，2017.

[10]王林，王天英，杨新惠. 大学生职业生涯与就业指导[M]. 北京：中国铁道出版社，2018.